はじめまして、経済学

おカネの物差しを持った哲学

帝京大学経済学部教授
宿輪純一

ウェッジ

本書を読み始める前に

おカネの物差しを持った哲学

いきなりですが、筆者は、経済学というものは**「おカネの物差しを持った哲学」**であると考えています。それは、経済学が個人や社会のシアワセについて追求する学問だからです。

まず、「おカネがあればシアワセ」という考えは多くの人が無意識に抱いていますし、経済学的に見ても資産を増やすことは良いこととされています。しかし、実際には日本の経済は長く低迷しており、実感として「貧しくなった」と考える人は少なくありません。

国税庁の「民間給与実態統計調査」によると、2022（令和4）年度の日本人の平均給与は約460万円（男性約560万円・女性約310万円）[★1]でした。ここから、さらに税金や社会保険料等の支払いを考慮すると、給与の中から生活費に回せるおカネ（可処分所得）は年収の約7～8割程度だと言われています。住む地域によって差はありますが、決して裕福な生活が送れる金額ではありません。

なお、英語で「裕福な」は“rich”と表します。反対に「貧しい」は“poor”と表しますが、この“poor”には「貧しい」の他にも「かわいそう」といった意味が含まれています。そう考えると、“poor”という単語は、「おカネがあったほうが良い」ということをほのめかしているようにも感じられます。

★1　本書では、細かい末端数字は気にせずにざっくりと説明をしていきたいと思います。

収入と幸福度の関係

多くの人が知っている通り、それなりにおカネがあれば、生活面でも精神面でもゆとりが生まれます。しかし、その一方で過度におカネに執着するのは考えものです。「カネの切れ目が縁の切れ目」と言われるように、金銭や損得勘定のみで成り立つ関係は、おカネや肩書きによって簡単に左右されてしまいます。

『億男』[*2](2018年)という映画をご存じでしょうか。借金の返済に明け暮れる主人公・一男(かずお)は、たまたま手に入れた宝くじで3億円の高額当せんを果たします。一連の出来事に困惑しながらも、一男は「この大金を間違いなく使う方法」を知るため、いまや大富豪となった学生時代の友人・九十九(つくも)のもとを訪ねていきます——。

この作品は、「おカネとの向き合い方」がひとつの大きなテーマになっています。突如として億万長者になった一男は、おカネは人を変えてしまうという問題に直面しますが、やはり大金を持つということはある種の危険をはらんでいるようです。60年生きてきた筆者のあくまでも個人的な感想ですが、人生ホドホドがちょうどいいのかもしれません。

ちなみに、「年収7.5万ドル」程度を幸福度のピークとする研究結果があります。プリンストン大学のアンガス・ディートン(Angus Deaton)教授らは、アメリカ居住者を対象に年収と幸福度の関係について調査を行い、年収が7.5万ドル(現在の為替レートで約1,100万円[*3])を超えると、それ以降は幸福度の上昇ペースが鈍くなっていくと

---

*2 2018年公開、大友啓史監督。川村元気による同名小説が原作。宝くじの高額当せんによって突如舞い込んだ大金を通じて、おカネとの向き合い方、幸せとは何かについて描いた人間ドラマ。

発表しました。つまりシアワセとは、絶対的な定義など存在しない、どこまでも相対的な概念なのです。

とはいえ、人間が生きる上である程度のおカネは必要不可欠です。食料を買うのも、床屋で髪を切ってもらうのも、予備校に通うのも、家賃や光熱費を支払うのもおカネが必要です。完全な自給自足でない限り、おカネがなければ様々なモノやサービスを享受できず、日常生活に支障をきたしてしまいます。

資本主義の本質

いま、私たちは**「資本主義社会」**(Capitalist Society)を生きています。資本主義とは、個人や企業が自由に経済活動を行い、利潤を追求していく経済体制を指します。要は、何をどれくらい生産・消費するのか、いくらでどのように売買するのかを自由に決められるということです。この資本主義社会では、企業は**絶え間ない「競争」**(competition)にさらされます。他の企業よりも優れた商品を提供し続けないと、利益を生み出すことができず、社会から取り残されてしまうからです。

資本主義の発展に伴い、現代はずいぶん豊かな社会になりました。企業の生産活動によって多種多様なモノが生み出され、私たちはおカネ(対価)を支払うことで商品やサービスを享受しています。

この仕組みの下では、「おカネをたくさん持っていた方がシアワセになれる」と感じるのも無理はありません。おカネを使えば使うほど生

★3　日本円(¥)に当てはめるときには、為替レートの影響を受けます。なお、本書では「1ドル=150円」として計算しています。

活が満たされ、自己肯定感も高まっていきます。そういう意味では、「ある程度のことはおカネでなんとかできる」というのもひとつの事実であると言えるでしょう。

また一方で、おカネよりも大事なモノがあるということも事実です。世の中には、おカネでは測れないモノ、買えないモノが存在します。代表的な例を挙げると「命」や「時間」、「愛情」などがそれにあたるでしょうか。これらの価値は、決しておカネに代えられるモノではありません。

しかし、現代社会を生きる私たちは、すべてのものには「値段がつけられる」という錯覚に陥っています。たとえば、「生命保険」というものがありますが、これは人の生死に関する保険のことで、それまでの掛け金に対して保険金が支払われるという制度を指します。決して“命の値段”ではありません。他にも、「時給」という用語がありますが、それは時間あたりの賃金に過ぎず、その人の“1時間単位の値段”のことではありません。

資本主義社会では、大抵のモノが商品化され、それらは当たり前のように「おカネ」という物差しで測られています。あらゆる商品価値が、「値段」(価格)というカタチで可視化される社会では、「本質的に大事なものは何か」が見えにくくなっているのです。

「経済学」って？

ここで、あらためて経済学とは何かについて考えてみましょう。経済学とは、モノやサービスを生産し、それを分配・消費するという活動、つまり私たちの経済活動について考える学問です。

経済学は、その規模によって**「ミクロ経済学」**(Micro:小さい)と**「マクロ経済学」**(Macro：大きい)に分かれます。個人や企業の活動に焦点を当てるのがミクロ経済学。より大きな視点で、国家や地域の経済について考えるのがマクロ経済学です。

経済学は、哲学者**アダム・スミス**(Adam Smith[★4])の『国富論』(1776年)がその始まりであるとされています。「経済学の祖」として知られる

セントジャイルズ大聖堂付近のアダム・スミス像　写真提供：mrpluck/ iStock

★4　1723年～1790年、スコットランド生まれの英国人。「経済学の父」とも称されています。他の著作に、倫理学書『道徳感情論』(1759年)など。

アダム・スミスは哲学者だったのです。彼は、貧困や格差が深刻化する社会情勢を受けて、「富の生産と分配」に関心を抱いていました。限りある富をどのように分配すれば、貧困や格差を是正できるのか？　このようなスミスの問題意識が、後の経済学をかたどる基礎となっていったのです。

貧困の定義

では、「貧困」(poverty)とは具体的にどのような状態を指すのでしょうか？　貧困の定義は様々ですが、大きく2つに分けて考えることができます。衣食住など必要最低限の生活水準が維持できない**「絶対的貧困」**(absolute poverty)と、その国（地域）の基準と比較してまともな生活水準に満たない**「相対的貧困」**(relative poverty)です。

国際社会には、「貧困の削減」と「持続的成長の実現」をその目的としている国際開発金融機関（MDBs：Multilateral Development Banks）が設けられています。

一般的にMDBsと言えば、各所轄地域（アフリカ・アジア・欧州・米州）を支援する4つの地域開発金融機関[*5]と、全世界を支援の対象とする世界銀行（WB：World Bank）を指します。この世界銀行は、第二次世界大戦終盤の1944年に設立されました。設立当初の目的は主に欧州の復興支援でしたが、今では貧困の削減を掲げて全世界であらゆる支援を行っています。

---

*5　アフリカ開発銀行、アジア開発銀行、欧州復興開発銀行、米州開発銀行。

*6　2008年公開のイギリス映画、ダニー・ボイル監督。実在する国民的クイズ番組に出場した青年の生い立ちを通じてインド社会の現実を描いています。

絶対的貧困と過酷な現実

世界銀行は、2022年9月に1日「2.15米ドル」(約320円) を「**絶対的貧困ライン**」とし、この1日2.15米ドル以下で生活している人々を「**絶対的貧困**」と定義しました。なお、絶対的貧困ラインは、1991年に最貧国の6カ国を調査して算出され、初めて設定された当初は1米ドルでした。その後、物価上昇等を理由に修正され、2008年に1.25米ドル、2015年に1.9米ドル、そして2024年現在は2.15米ドルとなっています。

これが貧困の世界的な水準です。世界の人口は約80億人とされていますが、現在では1日2.15米ドル以下で暮らす人々が、約8%いるとされています。命を維持するのも危ぶまれる絶対的貧困は、アフリカなどの途上国で見られる飢餓 (starvation) のような状態であり、日本のような先進国で目にすることはほとんどありません。

『スラムドッグ$ミリオネア[*6]』という映画があります。アカデミー賞8冠を受賞した世界的な名作です。インド南部の大都市ムンバイ (ボンベイ[*7]) にあるスラム[*8]で、極限状態の生活を強いられていた主人公・ジャマールは、インドの国民的クイズ番組「クイズ$ミリオネア」に出演するチャンスを手にします。

この作品では、絶対的貧困状態にある人々の現実が生々しく描かれています。ムンバイのスラムは世界一荒廃していると言われており、ジャマールの育った環境は想像以上に過酷なものでした。なかには物乞いをするために少しでも同情が集まるよう、失明させられたり手足を折られたりといった衝撃的な場面も描かれています。

★7 デリー・ニューデリーと並ぶインド最大規模の大都市。なお、「ボンベイ」は英植民時代の名称。映画産業が盛んで、ハリウッドにちなんで「ボリウッド」とも言われています。

★8 極貧層が居住する過密化した地区。日本では1960年代になくなったとされています。

実際、必要最低限の生活水準を維持するため、幼い子供が過酷な労働環境に身を置かれるのは珍しいことではありません。食べ物を買うことをはじめとして、とにかく生きるためにおカネを稼ぐことは、彼らにとって喫緊の課題なのです。

連鎖する相対的貧困

一方で「相対的貧困」は、可処分所得が中央値の半分以下である場合を指します。つまり、その国の大多数よりも貧しい状態にあるということです。まさに相対的な比率なのですが、相対的貧困は絶対的貧困に比べて可視化しづらく、支援が難しいと言われています。そのため、行政などによる支援がなされず、**貧困が世代間で連鎖し、貧困状態が固定化してしまう**という問題が考えられます。

たとえば、貧しい家庭に生まれた子供は、十分な教育や医療を受けられず、大人になっても低賃金で不安定な職にしか就けないということがあります。すると、その次の世代（子供）にも十分な教育や医療の機会が与えられず、知識や健康面でハンデを背負ってしまう確率が高まるのです。

なお、日本では厚生労働省[★9]が「相対的貧困」を算出しており、所得が「約130万円」（貧困線）以下の場合を相対的貧困状態と定め、相対的貧困率は約15%としています[★10]。つまり6人に1人が貧困状態にあり、なかでも母子家庭の割合が高いといった状況です。

経済協力開発機構（OECD）が公表する各国の貧困率（右ページの図参照）と比較してみると、日本の貧困率は先進国の中でもかなり

★9　日本の行政機関のひとつ。「国民生活の保障・向上」と「経済の発展」を目指すために、健康、医療、福祉、労働など、国民生活の保障・向上を担っています。

★10　「国民生活基礎調査」（2021年）参照。

高く、G7中ではアメリカに次いで2番目に悪い数値であることがわかります。

そのセーフティネットとして、日本では貧困の程度に応じて必要な保障を行う**「生活保護」**（Welfare）という制度が設けられており、厚生労働省が定める最低生活費を下回った場合に受給が可能になります。ただし、生活保護を受けるための条件はそれほど甘くありません。基本的には不動産、自動車などの財産は売却する必要があります。現在では、65歳以上の高齢者[★11]の生活保護受給者が半分以上を占めています。

貧困率の国際比較

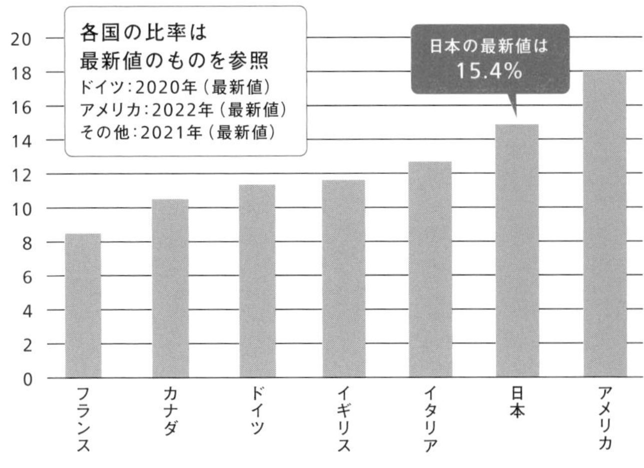

OECD「Poverty rate」を基に作成

★11　世界保健機関（WHO）では65歳以上を高齢者としています。

どこからが「おカネ持ち」？

では、反対に「おカネ持ち」とはどのような人々のことを指すのでしょうか？

日本では、一般的に保有資産（純金融資産）1億円以上を「富裕層」(Wealthy Class)[*12]、保有資産（純金融資産）が5億円以上を「超富裕層」(Super Wealthy Class)としています。日本だと富裕層以上は意外と少なく、全体の約2%しかいません。

なお、フランスに拠点を置く研究グループによって報告された「世界不平等レポート2022」によると、世界の上位1%の富裕層だけで

世界の富の分布

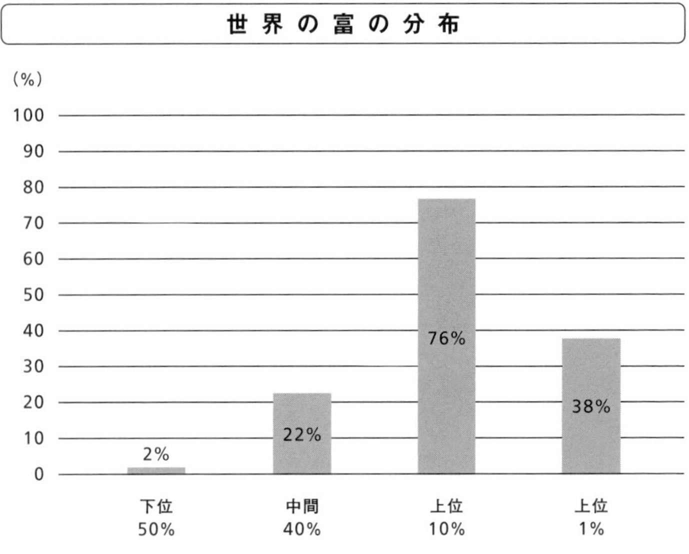

世界不平等研究所「世界不平等レポート2022」を基に作成

---

*12　アメリカでは100万ドル（1億5千万円）以上を富裕層としています。

世界の富の4割近くを保有し、上位10%になると8割近くを保有しているそうです。また、下位50%が所有する富は全体の2%にとどまり、**経済格差（貧富の差）の深刻さ**を物語っています。

潤沢な資産を元手におカネ持ちはどんどん裕福になっていく一方で、教育や雇用の機会に恵まれず、貧困の連鎖から抜け出せない人々が多数存在しています。このような格差を是正するため、これまで世界各国では様々な政策が実施されてきました。

当初、アダム・スミスが「富の生産と分配」に関心を抱いたように、**どのように富を生産・分配すれば、全体の幸福（シアワセ）度が上がるのか**、そういった大きな視点に立って分析をするのも経済学の重要なポイントです。

このように、ミクロ的な視点で見ても、マクロ的な視点で見ても、経済学と哲学は密接に関わり合っています。やはり、経済学は「おカネの物差しを持った哲学」であると言えます。

本書の目指すところ

さて、本書は『はじめまして、経済学』というタイトルにある通り、はじめて経済学を学ぼうとしている人（あるいはもう一度学び直そうとしている人）に向けた入門書です。

実際のところ、経済学に苦手意識を持っている人は多く、数学的な分析などを要することもその一因であると思います。その点、この本では複雑な数式を使った説明はほとんどありません。それは、本書が、

経済学を身近なものとして感じてもらうことを第一の目的としているからです。

もちろん、経済学上の理論を明らかにするために数学的な分析は欠かせません。しかし、そのような説明は専門性が高く、多くの読者にとって関心のある方向性とは言えないでしょう。そこで本書では、「経済学的な視点」に立って身近でリアルな問題を考える姿勢を大切にしています。

そもそも、経済学は私たちの生活に根ざした学問であり、普段の何気ない行動にも密接に関わっています。そのため、経済学的な視点を持つということは、世の中のニュースや身の回りの出来事に対する解像度を上げることにもつながります。本書を通じて、様々な角度から現状を見つめ、自分なりの考えや意見を積極的に発していただければと思います。

本書の構成は、「家計」「企業」「景気」「決済」「金融」「財政」からなっています。幅広いテーマを扱っていますが、基本的には私たちにとって身近な存在である“おカネに関する困りごと”を切り口としています。

また、より具体的なイメージを持てるように、映画をはじめ、ドラマ、マンガなどをところどころで交えながら解説を加えています。以前より筆者は、映画と経済学を組み合わせて解説する「シネマ経済学」®を展開してきましたが、映画には政治、経済、国際問題など、様々な要素が凝縮されています。リアルな社会とつながっているからこそ、娯楽として楽しみながら、多くの学びを得ることができるのです。

　本書を通じて、とっつきにくいと思われがちな経済学に、少しでも親しみを持っていただければ嬉しく思います。

はじめまして、経済学

おカネの物差しを持った哲学　目次

第2章 経済成長のエンジン
――企業と生産

第3章 景気の良し悪し——GDPと物価指数

第6章 ニッポンのお財布事情
——政府と財政

＊本書は、2024年3月（執筆時）を基準としています。
＊文中に記載されている会社名・製品名などは、各社の商標および登録商標です。

第1章

おカネのやりくり

——家計と消費

1 経済は循環する

3つの「経済主体」って?

私たちの経済活動は、主として「家計（個人）」・「企業」・「政府」という3つの**経済主体（部門）**の間を、モノやサービス、そしておカネが循環することで成り立っています（**経済循環**）。ここでは、下の図を参考にしながら、経済主体それぞれの役割について見ていきたいと思います。

経済循環

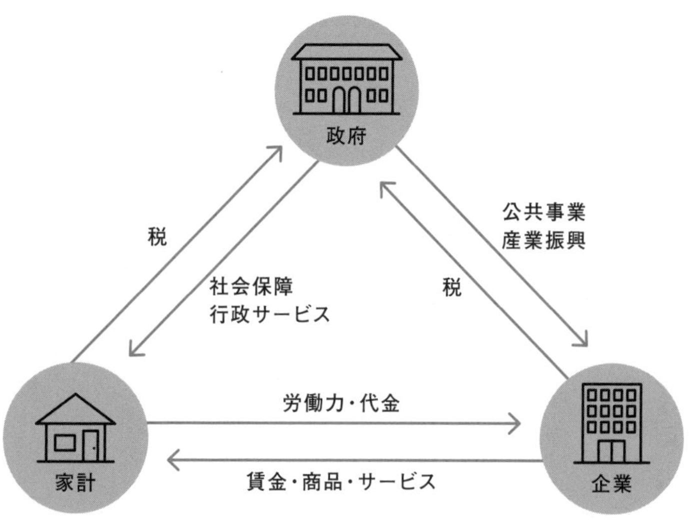

まず、「**家計**」(Household) は**消費活動の主体**です。企業や政府に労働力、資本等を提供しています。そして、対価として賃金や配当を受け取り、生活に必要なモノやサービスを購入・消費しています。

「**企業**」(Company) は**生産活動の主体**であり、個人を雇用するという重要な役割も担っています。モノやサービスを生産・供給し、その対価として代金を受け取っています。

「**政府**」(Government) は**財政活動の主体**です。家計や企業から税を集めて、公共事業や社会インフラの整備など、国民の経済活動を調整しています。

また、この図では省略されていますが、それぞれの経済主体の間で**おカネが滞りなく循環するように支えているのが「銀行 (金融) システム」**です。

活発な経済活動を維持するためには、それぞれの経済主体がきちんと機能することが大切です。

「おカネ」と体内をめぐる「血液」の関係

経済活動を人間のカラダに例えて説明することはよくありますが、この経済循環は、体内の循環機能と同じような働きを担っています。そして、体内における「血液」にあたるものが「おカネ」です。血のめぐりが悪くなるとカラダに支障をきたすのと同じように、**おカネの流れが滞ると経済は停滞します。**

たとえば、「家計」が貯蓄ばかりを重視して消費や投資におカネが使われないと、世の中に出回る（経済主体の間を循環する）おカネの総量が減少します。すると、「企業」の業績や「政府」の税収は悪化し、全体としての経済活動は縮小していきます。

ここで重要なのが、「銀行」の存在です。銀行は、いわば血液をめぐらせる心臓（ポンプ）のような役割を担っています。先ほどの例のように、「家計」が必要以上におカネを滞留しているようなら、個人や企業に対して積極的におカネを貸し出すなど、人々に消費や投資を促します。こうして、銀行はおカネを円滑に循環させようと働きかけているのです。

一方、心臓や胃など特定の部位が病気にかかっていたり、老化が進行している場合、血のめぐりを良くするだけでは健康状態を取り戻すことができません。苦い薬を飲んだり手術を受けたりなど、直接的な治療が必要となります。

同じように、「政府」や「企業」といった経済主体そのものに不調の原因があるときには、おカネの循環を良くするだけでなく根本的な改革が求められます。具体的な内容は様々ですが、政権や経営者の一新なども手段のひとつとして考えられます。

健康状態を維持するためにも、まずは不調の原因がどこにあるかを適切に判断しなければなりません。

2 おカネの使い道

自由に使える「可処分所得」

それでは、この章では「家計」に焦点を当てて、さらに詳しく見ていきたいと思います。家計[★13]（個人消費）とは、企業や政府と並んで国民経済を構成する経済主体です[★14]。家庭生活を営むための収入、支出の運営そのものを含みます。

たとえば、給料を受け取って生活している会社員の場合、額面から健康保険・厚生年金などの公的な保険料、所得税や住民税といった税金などを差し引いて、実際に使える金額を**「可処分所得」**（Disposable Income）といいます。要は、自分で自由に使える「手取り収入」のことです。

【可処分所得の構成】

可処分所得＝収入−（税金＋社会保険料）

＝貯蓄＋消費支出

私たちは可処分所得の中から貯蓄や生活費（消費）におカネを回しています。現在の日本では、なかなか収入が上がらないにもかかわらず、主として少子高齢化のために社会保険料が膨らんでおり、全体として可処分所得は伸び悩んでいる傾向があります。

中長期的な経済成長には、可処分所得の底上げが欠かせません。

★13 「家庭経済」ともいいます。

★14 日本では個人消費がGDPの約6割を占めています。アメリカの場合は国民性のせいか、個人消費の割合がさらに大きく、約7割に達しています。

「エンゲル係数」と生活水準

家計の消費支出に占める「飲食費」の割合のことを**「エンゲル係数」**(Engel's Coefficient)といいます。ドイツの社会統計学者エルンスト・エンゲル(Ernst Engel)の名にちなんでこの名称が用いられました。

【エンゲル係数の求め方】

エンゲル係数(%)= 食費÷消費支出×100

一般的に、エンゲル係数は所得が上昇するにつれて低下する傾

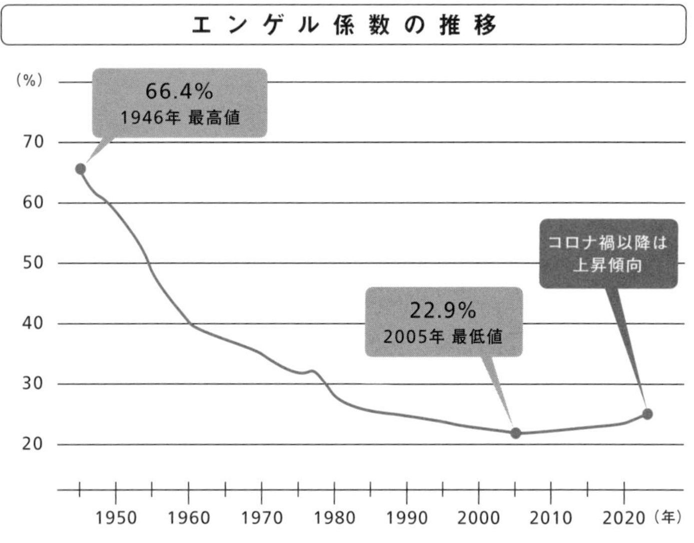

総務省統計局「家計調査」を基に作成

向にあります。逆に言えば、**エンゲル係数が高いほど生活水準が低い**ということを表します。エンゲル係数が高い（＝個人消費における飲食費の割合が高い）ということは、娯楽や嗜好品におカネを回す余裕がなく、生きるのにカツカツである状態だと推測されるからです。

なお、終戦直後の日本では年平均でエンゲル係数が60％以上もありましたが、高度成長期を経て生活水準が向上したことで、エンゲル係数は急速に低下し、今では大体20％～30％にとどまっています。

経済成長とともにエンゲル係数は低下しましたが、コロナ禍の影響から最近では上昇の傾向が見られています。

「効用」を最大化させるために…

ここで、私たちの消費行動について取り上げたいと思います。経済学には分かりにくい用語が多くありますが、今から紹介する**「効用」**（Utility）というのもそのひとつです。端的に言うと、効用とは消費者がモノを買ったり、サービスを受けたりする時の満足感のことを指します。

そもそも経済学は**「人間は効用（満足感）を“最大化”させようとして行動する」**という前提に立っています。そして、効用を最大化させるために人間は**「選択」**（Choice）を行います。つまり消費者は、**限られた所得の中で何をどれだけ買えば最も満足できるのか**を考えて、選択しながら行動しているということです。

『定額制夫の「こづかい万歳」～月額2万千円の金欠ライフ～』[★15]という マンガがあります。これは、月々「2万1000円」のお小遣いで暮らす漫画家・吉本浩二（46歳）の暮らしをドキュメンタリー風に描いた作品です。限られたお小遣いの中で効用を最大化させるため、主人公は一体何におカネを使うのか…？

このマンガでは、月々2万1000円以下で生活していくための涙ぐましい努力が描かれています。特に**「予算制約」**がある中では、より安く、より効用の高いものを求めなければなりません。日常の様々な場面で、効用を検討しておカネを使う。それは、ある意味で非常に経済学的な行為なのです。

人生はいくつもの「選択」の結果であると考えられます。

人間は合理的ではない？

では、実際のところ、私たちは常に合理的な判断に従って行動を選択していると言えるのでしょうか？　ここで、人間の判断に強い影響をもたらすひとつの理論を紹介しましょう。

最近の経済学では、人間の「心」の動きを重視し、心理学をミックスさせた**「行動経済学」**（Behavioral Economics）が注目を集めています。その中でも有名なものに、**「プロスペクト理論」**（Prospect Theory）と呼ばれるものがあります。経済学者のダニエル・カーネマン（Daniel Kahneman）と心理学者のエイモス・トベルスキー（Amos Tversky）によって提唱されました。

★15　著者・吉本浩二、『モーニング』（講談社）にて連載。限られたお小遣いを通じて、作者自身やその周りの人間を描いたドキュメンタリー風の作品。最後には、節約のネタも一般公募されていました。

たとえば、以下の各質問でそれぞれ2つの選択肢があった場合、あなたならどちらを選ぶでしょうか?

質問1

選択肢A:無条件で100万円がもらえる

選択肢B:コインを投げて、50%の確率で200万円がもらえるが、50%の確率で何ももらえない

質問2(あなたに100万円の借金があると仮定した場合)

選択肢A:そのまま100万円の借金を返済する

選択肢B:コインを投げて、50%の確率で100万円の借金が免除になるが、50%の確率で借金額が200万円となる

結論から言うと、質問1でも質問2でも、選択肢A・Bの数学的な期待値[★16]は変わりません。(質問1ではA・Bともに期待値100万円、質問2ではA・Bともに期待値−100万円)

それにもかかわらず、質問1では多くの人が選択肢Aを選び、質問2では多くの人が選択肢Bを選ぶというのです。

プロスペクト理論とは、**置かれた状況や条件によって、人間は都合良く事実認識をゆがめてしまう**ということを明らかにした理論です。

★16 何か試行を行ったときに予測できる平均値のこと。

★17 恋愛が成就するのと失恋とでは、失恋した時の方が心理的影響は大きいものです。歌謡曲に失恋をテーマにした曲が多いのもその一例だと考えられます。

人間には、持って生まれた性質がいくつかあります。たとえば、モノを得た時と失った時では、失った時の方が得た時の約3倍の心理的な影響（ショック）を受けると推定されています[★17]。そのため、質問1と質問2の事例では、「損をしたくない」という心理が強く働き、合理的な意思決定がなされず結果に偏りが生じてしまいました。

このように、**私たちが何かを決定するとき、そこには客観的事実（確率、勝率…）のみではなく、主観性（感情、希望…）が影響します。**いくら正しい選択をしようと思っていても、常に合理的な判断が下されるとは限らないのです。

人間の意思決定とは、条件や状況によって大きな偏りが生じる曖昧な基準によって左右されているのです。

非合理なギャンブルにハマる理由

このプロスペクト理論は、人が投機やギャンブル（賭博）にハマる理由を解明する理論としてもよく知られています。

たとえば日本で認められているギャンブルのひとつにパチンコ[★18]があります。日本に訪れた外国人は、パチンコ店の多さにかなりびっくりするそうです。駅前の一等地に、カジノがあるような感覚でしょうか。

日本人にとってはかなり身近な存在であるパチンコですが、先ほども述べたように、人間は儲けたときより損をしたときの方が心理的ショックを受けるという性質を持っています。そのため、負けが重なっていくと、**損失を取り戻そう、次は勝てるという心理（主観性）**が強く働き、

★18 「風俗営業等の規制及び業務の適正化等に関する法律（風営法）」によって風俗営業の一業種として定められています。「三店方式」（パチンコ店、景品交換所、景品問屋）という営業形態をとっており、事実上、現金に換金することができます。

知らず知らずのうちにギャンブルにのめり込んでいってしまうのです。

これは宝くじ[★19]でも同様です。日本では、頻繁にテレビCMも放送されており、パチンコよりも身近に感じる存在かもしれません。しかし、基本的には宝くじもギャンブルの一種です。実はこれほど公的に宝くじが販売されている国も珍しいのです。

実際、宝くじの期待値はかなり低く設定されており、高額当せんにいたっては天文学的な確率です。それにも関わらず、あまりに高額な当せん金を目の前にすると**「もし当せんしたら…」という過度な期待（主観性）**を抱いてしまいます。まさに「プロスペクトの罠」にはまるというわけです。

どちらのギャンブルも共通して、「損はしたくない」「次は当たるだろう」という主観性が事実認識をゆがめます。このように、人間の心理をうまく利用しているギャンブルは、やればやるほどのめり込んでいってしまうという危険性を持っているのです。

プロスペクト理論は、マーケティングや広告でも活用されています。

★19 「当せん金付証票法」という法律で規定されています。総務大臣の許可のもと、定められた全国都道府県と20指定都市のみ発行が可能です。

COLUMN

問題の本質は「射幸心」にアリ!

法律で認められていない賭け事は、「賭博罪」にあたります。賭博罪は、金品を賭けて、“偶然性”に左右される勝負をすると成立する犯罪です。パチンコや宝くじ、公営ギャンブル(競馬・競艇・競輪・オートレース)はそれぞれに認可する法律があるため対象外とされています。

なぜ賭け事が問題視されるのかというと、「**射幸心**(しゃこうしん)**を煽**(あお)**る**」からです。射幸心とは、偶然性のある利益を労せずに得ようとする欲心、つまりは努力や苦労をすることなく利益や成功を得ようとする気持ちのことです。過度に射幸心を煽るような行為は、労働によって財産を得ようとする健全な風俗に反することになるので、賭博罪に抵触する可能性があります。たしかに、まじめに働く気がなくなりますよね。

また、筆者はデジタル庁からの依頼があり、メタバースの業界団体「日本デジタル空間経済連盟(デジ経連)」の統括座長・顧問を務めていたのですが、たとえばそこでも「射幸心」が議論の対象となっていました。

問題視されたのは、NFT(Non-Fungible Token)[*20]の販

*20 ブロックチェーン技術を使用して代替不可能な(唯一無二の)デジタルコンテンツであることが証明されており、財産的な価値が認められています。「電子権利書」とも言えます。

売方法にガチャ方式が採用されるケースがあり、それが射幸心を煽るのではないかということです。

読者のみなさんは「ガチャ」と呼ばれる方式をご存じでしょうか? これまで、一般的に「ガチャ」といえばカプセルトイ販売機を指していました[*21]。カプセルトイ販売機では、カプセルを開けてみるまで何が出てくるかがわかりません。最近では、このような仕組み(偶然性、ランダム性のある事象)のみを指して「ガチャ方式」と呼んでいます。

NFTは、その希少性から財産的な価値が認められており、販売価格よりも高い価値がつくことがあります。そのため、ガチャ方式を用いてNFTを販売するということが問題視されたというわけです。

なお、現状この問題に関しては、勝者が財産を得て敗者が財産を失うという関係は生じず、賭博罪にはあたらないという解釈がされています。

---

*21 カプセルトイ業界では、各企業によってガチャガチャ、ガシャココ、ガチャポンなど名前を変えています。「ガチャ」は(株)タカラトミーアーツの商標登録です。

3 貯蓄に関する問題

老後2000万円問題

2019年に金融庁が公表した報告書によると、標準的な老後の生活を送るためには、**公的年金以外に2000万円が必要**になります。それをきっかけに、いわゆる「**老後2000万円問題**」がニュースなどで話題となり、社会的な注目を集めました。

では、この内容について具体的に見ていきましょう（右ページの図参照）。金融庁の報告（2019）によると、高齢夫婦無職世帯の平均的な生活をモデルケースとした場合、公的年金を含めた実収入が約21万円／月、実支出が約26万円／月とされています。この報告に従えば、標準的な生活を送るためには、差額の約5万円／月を貯蓄から取り崩さなければならないという計算になります。

仮に定年退職後に30年間生きるとして、実際に毎月約5万円の不足額が発生すれば、約2000万円（5万円×12ヶ月×30年）の貯蓄が必要となるわけです。

映画『老後の資金がありません!』[★22]は、まさにその問題をテーマにした作品です。主人公・後藤篤子（ごとうあつこ）は、夫と2人の子供がいる平凡な主婦。夫の給料と彼女がパートで稼いだおカネをやりくりし、コツコツと老後の資金を貯めてきました。しかし、亡くなった義父の葬式代、突然のパート解雇、娘の結婚など、節約して貯めた「老後の資金」を目減りさせる出来事が次々と降りかかります。

★22　2021年公開、前田哲監督。垣谷美雨による同名小説が原作。「老後2000万円問題」を題材に、家計のやりくりに右往左往する日々を描いたコメディー映画。

予期せぬ出費がかさみ、さらなる窮地に立たされてしまう篤子の境遇は他人事ではありません。「人生100年時代」と言われますが、子育て、医療、介護…と、生きている限りおカネはかかるものです。

実際には、参照する資料によって不足額は異なるので、「2000万円」という金額も非常に曖昧な数値であると言えます。

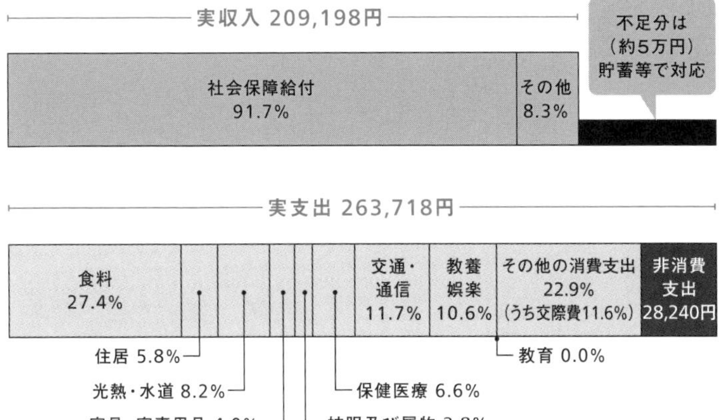

金融庁金融審議会市場ワーキング・グループ「高齢社会における資産形成・管理」を基に作成

日本人の「貯蓄信仰」

昔から日本人は「貯蓄」(saving)を好む国民だと言われています。

日本銀行調査統計局の「資金循環の日米欧比較」(2023年)を見ると(下の図参照)、**日本は金融資産の半分以上(約54%)を現金・預金で保有している**ことがわかります。欧米と比較してみても、アメリカは約13 %、ユーロエリアは約35%しか現金･預金で保有しておらず、日本に比べてはるかに少ない割合です。こうして見ると、日本人は安全性を重視する傾向が強く、リスクある投資には消極的であることがわかります。

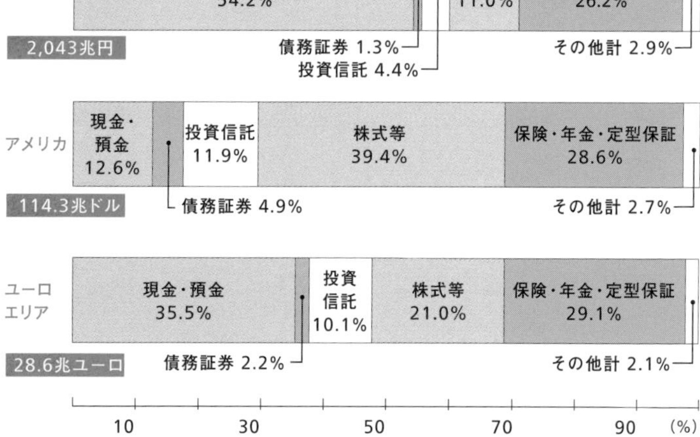

日本銀行調査統計局「資金循環の日米欧比較」(2023) を基に作成

しかし、あまりに財布の紐が固いと市場におカネが出回りません。貯蓄ばかりで消費・投資におカネが回らなければ、企業は売上を期待できず生産を縮小させるでしょう。従業員の給料や失業率にも大きな影響を与えるかもしれません。そうなると、人々はさらに消費を控えるようになり、全体としての景気は悪くなるばかりです。

現在、政府は**「貯蓄から投資へ」**のスローガンを推進し、投資運用によって国民の収入を増加させようとしています。しかし、日本人の「貯蓄信仰」や「老後2000万円問題」を踏まえると、その壁はなかなかに高いものだと思われます。

> **岸田政権による「資産所得倍増プラン」も、「貯蓄から投資へ」の一環として行われています。**

貯蓄は「粋」ではなかった!?

そもそも、日本は江戸時代ごろまで一般の民衆（国民）に貯蓄の習慣はありませんでした。「宵越しの銭は持たない」とも言われるように、おカネは忌むものとされ、なかでも江戸時代の町民たちの間では、その日に稼いだカネはその日に使ってしまうのが「粋」という考えがあったようです。

もともとは、仏教の戒律（十戒）の中に「不蓄金銀宝」、すなわち蓄財をしないという教えがあり、それが一般的に広がっていったものと考えられています。また興味深いことに、中世ヨーロッパや旧来のキ

★23　ちなみにユダヤ教にはこのような戒律はなく、そのため金融業を営むことが可能でした。

リスト教でも蓄財は悪とされていたようです。[★23]

しかし、明治時代に入ると「富国強兵」政策がはじまり、インフラの構築、産業の振興、そして軍事の整備のために大量の資金が必要となりました。そこで、明治政府は国民に「貯蓄の奨励」を行ったのです。銀行や郵便局に預けられた国民の貯蓄は、明治政府の財源に充てられ、不足している費用をまかなうなど国家のために使用されました。つまり、もとを正せば、日本人の「貯蓄信仰」は国家に主導されて培われたものだったとも言えるのです。

歴史を振り返ると、「おカネ」に対する考え方は地域や時代によってまるで異なっていることがわかります。

COLUMN

「貯金」と「預金」の違い

ここで、「貯金(ちょきん)」と「預金(よきん)」の違いを整理しておきましょう。どちらもおカネを「預ける（貯める）」ことを意味しますが、貯金と預金ではおカネを預ける先の金融機関が異なります。おカネを預ける先の金融機関で呼び方が違うのは、「郵便貯金」と「銀行預金」で成立の背景が異なるからです。

【貯金】

ゆうちょ銀行（郵便局）やJAバンク（農業協同組合）、JFマリンバンク（漁業協同組合）などにおカネを預けること

【預金】

銀行や信用金庫などの金融機関におカネを預けること

まず「郵便貯金」というのは、庶民がコツコツおカネを貯めるためのものです。先ほど説明したように、そのおカネはインフラ整備をはじめとした国（政府）のために使われました。一般家庭でおカネを貯めるときに「貯金しなさい」という言い方が残っているのも、そのような背景があったからだと考えられます。同様の理由から、貯金箱はありますが、預金箱とはいいません。

一方で「銀行預金」というのは、多少のおカネを持っている人がおカネを預け、民間の企業への貸出などによって運用してもらうためのもの（金融商品）でした。言い方を変えれば、当初の「銀行」は、今でいうところの「投資銀行」や「証券会社」のような役割を果たしていたと考えられます。

4　消費者の権利を守る

偽造と隠ぺいに騙されない！

現代社会では、企業によってあらゆるモノが商品化され、私たちはそれを消費して生活しています。そのとき、生産・供給を担っている企業と、一般消費者の間には、商品に関する情報の質と量、そして交渉力に大きな差があります。

これは**「情報の非対称性」**(Information Asymmetry)とも言われる問題で、企業と一般消費者では、企業の方が格段に多くの情報を持っており、有利な立場であることを示しています。つまり、情報の扱い方によっては、企業は消費者を騙すことも可能であるということです。

ここで中古車市場を例に見ていきましょう。農産物関係者には申し訳ありませんが、中古車市場では古くから粗悪品のことを「レモン」と呼びます。レモンは皮が厚く、外見から中身の見分けがつかないため、このように呼ばれるようになりました。反対に、優良品のことを「ピーチ」といいます。レモンと異なり、ピーチは外見から品質が判断しやすいからです。

中古車市場では、消費者は「できるだけ状態の良い中古車を購入したい」と考えます。しかし、消費者は商品に対する知識（走行距離、事故の有無など）が少なく、限られた情報と見た目の良し悪しから判断せざるを得ません。すべての商品が優良品であれば問題ありませんが、なかには悪徳業者が粗悪品を優良品に見せかけて売りに出しているかもしれません。

こうした市場状況だと、情報量や交渉力で劣る消費者は、高いおカネを払って粗悪品を購入してしまう（騙される）危険性を避けようと考えます。すると、優良品を適切な価格で販売している業者ではなく、比較的に安価で販売している業者を優先的に選んでしまうのです。結果、売上が落ち込んだ**優良販売業者は市場から撤退し、中古車市場には安価な粗悪品ばかりが出回る**ようになるというわけです。

このように、情報の非対称性によって粗悪品（レモン）ばかりが出

粗悪品ばかりが出回る「レモン市場の法則」

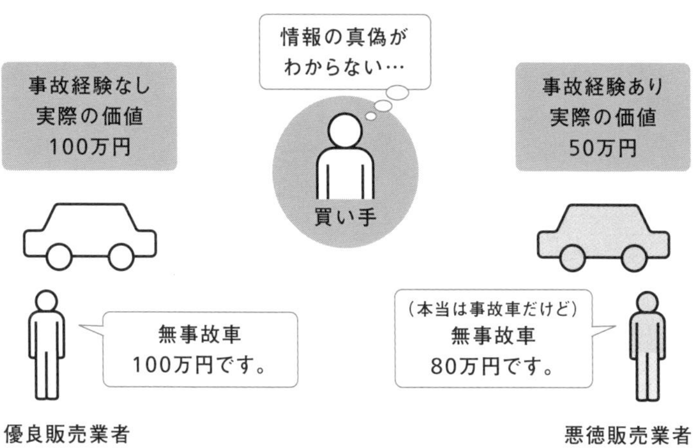

虚偽の情報を提示し、優良販売業者よりも安価で販売する

回るようになった市場のことを「レモン市場」といいます。アメリカの経済学者ジョージ・アカロフ(George Akerlof)[★24]が理論化し、後にノーベル経済学賞を受賞しました。

なお、このような現象は中古車市場に限ったことではありません。本来は買い手が売り手を選びますが、情報の非対称性によって、理想とは反対の選択(**逆選択**)をしてしまうのです。また、このように「正直者が馬鹿を見る」というような状態が正当化されてしまうと、人々の**「モラルハザード」**(Moral Hazard)、つまり倫理観・道徳観の欠如をもたらす危険性もあります。

最近でも、賞味期限の改ざんや産地の偽装など、「情報の非対称性」に起因する問題は頻繁に起こっています。

COLUMN

なくならない悪徳商法

このような情報や交渉力の差を、詐欺の手口として利用しようとする悪徳業者は後を絶ちません。悪徳商法とは、一般消費者を対象に、違法または不当な手段・方法が

★24　米財務長官のジャネット・イエレン(Janet Yellen)が配偶者。

組み込まれた商法のことを言います。つまり、消費者を騙すような形で、通常よりも大きな利益を得ようとする商売のことです。

たとえば、会員が別の会員を勧誘するという連鎖によって商品を売りつける「マルチ商法」、催眠術的な手法を用いて消費者の購買意欲を煽る「催眠商法」などがそれにあたります。

とくに、台風、大雨、地震などの災害時には、精神的にも弱くなりがちで、それに便乗した悪質商法が多発します。最近では、新型コロナウイルスの感染拡大に関連して様々な悪質商法が見受けられました。身に覚えがない商品が届いたり、不審な取引の場に居合わせたりした場合には、警察に相談するなど落ち着いて適切な対処をしなければなりません。

消費者の権利と責任

販売者と消費者の情報格差を埋めるために、日本では「消費者基本法」が定められ、**消費者の権利**(Right)を規定しています。

【消費者の権利】

- **「安全」が確保される権利**
- **「選択」の機会が確保される権利**
- **必要な「情報」が提供される権利**

・意見が「政策」に反映される権利
・「教育」の機会が提供される権利
・適切・迅速に「救済」される権利
・消費生活における基本的な「需要」が満たされる権利
・健全な「生活環境」が確保される権利

一方、「権利」と表裏の関係として「責任」(Responsibility)があります。**消費者の責任**については、国際的な消費者運動機関である「国際消費者機構」(CI：Consumers International)によって提唱され、責任ある消費者活動を呼び掛けています。

【消費者の責任】
・「批判的意識」を持つ責任
・「主張」し行動する責任
・「社会的弱者」に配慮する責任
・「環境」に配慮する責任
・「連帯」する責任

> **消費者の「権利」と「責任」について、きちんと規定されているということが大切です。**

キャンセルカルチャーの流行

最近では、企業側の生産・流通過程に、環境破壊や人権侵害などの問題があった場合、消費者による「不買運動」が展開される事例が多々見られるようになりました。これは**「キャンセルカルチャー」**(Cancel Culture)とも言われており、2010年代ごろからアメリカを中心に広がり、日本でも同じような動きが出てきています。

たとえば、スポーツメーカーのナイキ(Nike)が、「人種差別問題」をテーマにした動画を公開したところ、その内容が不適切であるとしてSNSを中心に不買運動が繰り広げられました。また、アマゾン(Amazon)がCMに起用した人物の政治的発言が問題視され、「#Amazonプライム解約運動」というハッシュタグが作られて不買運動へと発展しました。

一部の動向に関しては賛否の声もありますが、こうした諸問題は私たちの消費活動と密接に関わっています。商品やサービスの取引については、消費者としてどのような行動を取るのが適切なのかをしっかり考えていくことが大切です。

キャンセルカルチャーの是非については、今後も議論を重ねていく必要がありそうです。

5 モノの値段の決まり方

需要と供給のバランス

第1章の最後に、私たちの生活を左右するモノの価格の決まり方について見ていきたいと思います。

資本主義のように「自由な経済活動」を基調とする仕組みでは、基本的に**市場の原理(需要と供給の関係)によってモノの価格が決められています。**

たとえば、街を歩いているとき、ふと立ち寄ったお店でずっと欲しいと思っていた商品を発見したとします。もし、その商品が予算内の価格で販売されていれば、すぐにでも購入しようとレジへ急ぐでしょう。しかし、予算を大幅に超えるような価格で販売されていれば、先ほどまでの高揚感も忘れ、買う気を失ってしまうかもしれません。

このように、買い手がモノやサービスを購入しようとする欲求のことを**「需要」**(Demand)といいます。もちろん、同じ商品であっても「この価格なら買いたい」という基準は人によって異なります。しかし、一般的には価格が安くなるほど買いたいと思う人は増え、価格が高くなるほど買いたいと思う人は少なくなります。

一方で、売り手は「できるだけ高い価格でたくさん売って、利益を増やしたい」と考えます。そのため、高額でも売れるのなら生産(販売)量を増やしますし、低価格でしか売れないのであれば生産(販売)

量を減らします。

　このように売り手（または生産者）がモノやサービスを売ろうとする意思を**「供給」**（Supply）といいます。需要の場合とは異なり、一般的には価格が高くなるほど売りたいと思う人は増え、価格が安くなるほど売りたいと思う人は少なくなります。

需要と供給の関係を表したグラフ

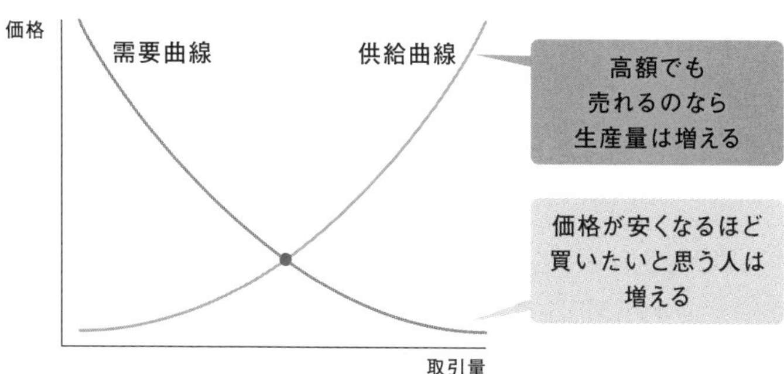

「需要と供給」はまとめて「需給」ということもあります。

「神の見えざる手」って？

　では、買い手と売り手がともに満足する価格はどのようにして決められるのでしょうか？

ここで、先ほど紹介した需要曲線のグラフと供給曲線のグラフを組み合わせて考えていきましょう。（右ページの図参照）

需要曲線と供給曲線を重ねてみると、バランスの取れた価格と取引量が見えてきます。なお、需要曲線と供給曲線が交わる点を「**均衡点**」といい、均衡点における価格を「**均衡価格**」、数量を「**均衡取引量**」といいます。

仮に、均衡価格よりも高い価格を設定している場合、供給量に対して需要量が少なく、商品の売れ残りが生じます（超過供給）。すると、売り手は生産量を減らしたり商品の価格を下げたりして、需要と供給のバランスを調整しようと試みます。

反対に、均衡価格よりも低い価格を設定している場合、需要量に対して供給量が少なく、商品不足が生じてしまいます（超過需要）。すると、売り手は生産量を増やしたり価格を上げたりして、需要と供給のバランスを調整しようと試みます。

このようにモノの価格は、市場での取引を繰り返しながら、次第に需要と供給のバランスが取れた均衡価格へと落ち着いていきます。これを「**価格の自動調節機能**」といい、アダム・スミスは「**神の見えざる手**」（Invisible Hand of God）が働いていると表現しました。

なお、特定の商品の価格ではなく、全体的なモノの値段を「**物価**」（prices）といいますが、物価も同様に需要と供給のバランスによって決められています。全体として「買いたい人」が増えると物価は上昇し、「売りたい人」が増えると物価は下落することになります。

ちなみに、今回は単純な前提条件のもと、需要曲線と供給曲線を用いて説明しました。しかし、現実はこれほどシンプルなものではありません。実際は前提となる条件が複雑で、様々な要素が原因となって物価などが変動していることには留意が必要です。

「需要と供給の関係」は経済の基本原理であり、株価や為替レートなどを決めるベースとなる重要な概念です。

モノの価格の決まり方

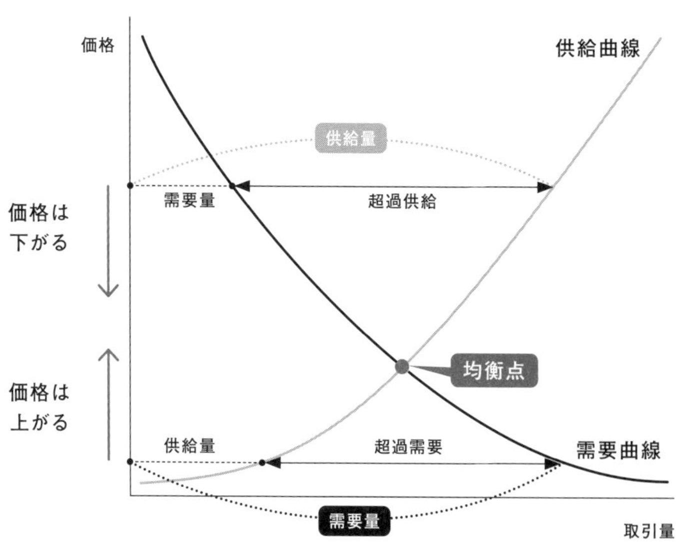

第2章

経済成長のエンジン

——企業と生産

1 企業の生存戦略

企業の目的は利益の最大化にアリ!

この章では、企業[★25]の生産活動について見ていきたいと思います。経済主体のひとつである「企業」の目的は、**利益(利潤)を最大化することに**あります。

一般的に企業は、利益を大きくするために生産ラインを拡張し、従業員を確保し、商品の開発に努めます。そして、様々な商品やサービスを生産・供給し、その対価としておカネを受け取っています。

こうして企業が獲得した利益は、従業員への給与として支払われたり、さらなる事業の資本となったり、様々な用途として用いられています。

なお、現在の資本主義社会は、企業の「自由競争」を原動力(基本原理)にして成り立っています。 企業が生き残っていくためには、よりよい商品を生産・改良し、さらには新技術の開発に注力していく必要があります。革新的な商品をつくり続けて利潤を追求しなければ、他の企業との争いに敗れてしまうからです。

その結果、私たちの身の回りにはあらゆるモノやサービスが普及しました。今では、商品が消費者に届くまでの供給網(サプライチェーン:Supply Chain)も整備されており、いつどこにいても必要なものを受け取ることができます。

★25 公的な企業や私的な企業、営利を目的とする企業や公益を目的とする企業など様々な種類の企業があります。

また、個人を雇用して賃金を支払うのも企業の重要な役割です。従業員の賃金が引き上げられれば個人消費が促進され、全体としての経済活動も活発化します。そういう意味では、**企業こそが経済の中心をなす「エンジン」**であり、経済成長を主導している存在であると言えるでしょう。

身の回りのあらゆるものが、企業の生産活動によって生み出されています。

3つの生産要素と生産性

では、企業の生産活動について詳しく見ていきましょう。ミクロ経済学では、商品（モノ・サービス）を生産するために使われる根源的な資源のことを**「生産要素」**（Factors of Production）といいます。一般に、**「労働・土地・資本（機械、原材料など）」**を生産の3要素といい、企業は一定量の生産要素を投入することで生産物（Product）を生み出しています。

当たり前ですが、生産要素の投入を増やせば、より多くの生産物をつくることが可能です。ここで、ある食品工場を例に考えてみましょう。たとえば食品の生産にかかる従業員を1人から2人、3人…と増やせば、それに伴って1日あたりの生産量は増加していきます。しかし、工場の作業スペースには限りがあるので、あまりに従業員が増えすぎると個々の作業の邪魔になってしまうかもしれません。あるいは、業務内容が過剰に分業化され、逆に効率が悪くなる可能性も考えられます。

このように、**生産要素と生産量の関係は常に一定ではありません。**生産要素の投入量には限度があり、もっとも効率よく生産できるラインを超えてしまうと、生産量の増加ペースは鈍くなります。こうした生産要素と生産量の数的関係は「**生産関数**」で表すことができます。

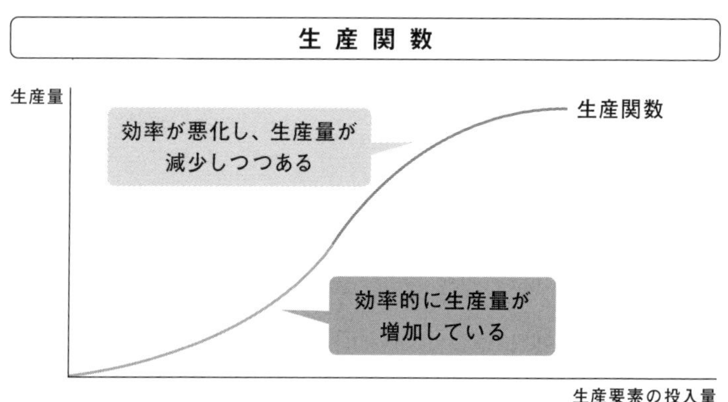

生産関数を見れば、その企業の**生産性**（生産要素の投入量あたりの生産量）を把握することができます。生産性を高めるには、むやみやたらに生産要素を増やすのではなく、「何をどのように投資するのか」を適切に判断する必要があります。同じだけの生産要素の投入量でより多くの生産量を生み出したとき、あるいは費用（コスト）を下げても同じだけの生産量を生み出したときに生産性は高まります。

これまで日本企業は、その真面目な国民性から、生産過程における「コスト削減」を重視してきました。人件費を含めた経費管理の見直しや、コピー用紙の裏面を再利用するなど、その徹底ぶりは「乾いた雑巾を絞る」という表現が使われるほどでした。その努力の積み重ねが、「高品質・低価格」という日本企業の強みを生み出したのです。こうして「収益」(Profit)を増大させていった日本は、世界と比較しても製造業を中心として飛躍的に経済を成長させていきました。

最近では、単に利益を追求するだけでなく、環境に負荷をかけないなどの持続可能な生産活動も重視されています。

いかにコストを抑えるか?

当たり前ですが、企業の生存戦略として、まずは損失を出さないことが大切です。ここでは、生産要素の中でも特に「費用」の面に注目して考えていきたいと思います。

費用には「**固定費用**」と「**可変費用**」があります。固定費用(固定費)とは、家賃や固定の人件費など、生産量にかかわらず生じる費用のことをいいます。そして可変費用(変動費)とは、原材料や燃料など、生産に応じて生じる費用のことです。

【総費用の構成】

総費用＝固定費用＋可変費用

費用と生産量の関係は、下のような「**総費用曲線**」で表すことができます。なお、生産量が0であっても、固定費は常に生じるため総費用曲線の原点は0になりません。

総費用曲線を見ればわかるように、ある一定のラインまでは、生産量を増やすことで費用（コスト）の上昇を抑えることができます。これは、たとえば工場などで効率よく大量生産された方が、ひとつの商品にかかるコストが低くなるようなケースを指しています。

しかし、それ以上に過剰な生産を行うと、新たな設備を導入する必要性などが生じて余計な負荷がかかります。その結果、費用の

総費用曲線

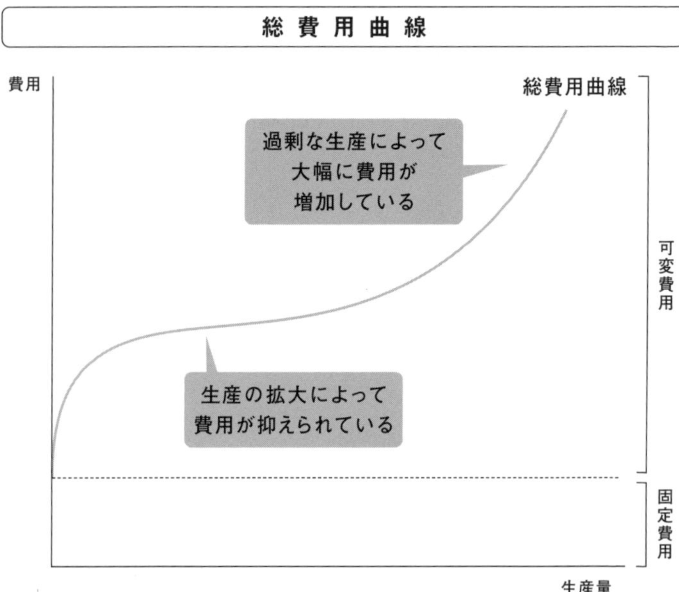

上昇率が増加してしまうのです。このように費用の面から考えても、「何をどのように投資するのか」という判断は、企業の成長戦略を考える上で非常に重要な要素となります。

生産活動におけるコストは、すべての企業にとって永遠の課題だと言えるでしょう。

「損益分岐点」って？

企業がある事業の採算（収支）を測る指標のひとつに、「**損益分岐点**」（BEP：Break-Even Point）があります。これは、総売上と総費用が一致するポイント、つまり利益もないが損失もない状態のことです。売上が損益分岐点を上回れば黒字になって利益が生まれますが、逆に損益分岐点を下回れば赤字[★26]になって損失が生じます。

損益分岐点

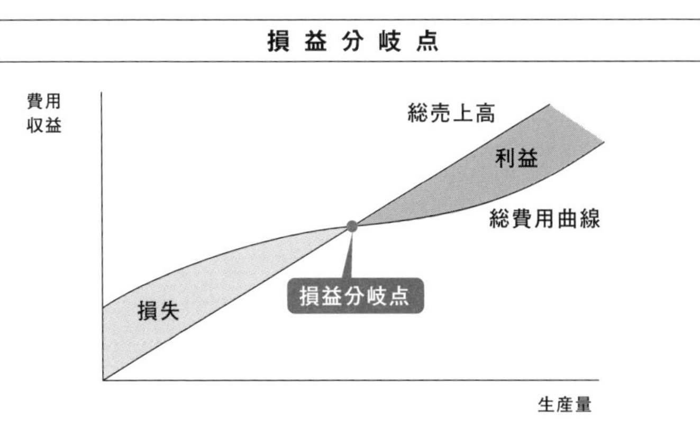

★26 西洋式簿記において、収益を超過した損失を「赤インク」で書いていたことに由来しています。

なお、売上が損益分岐点を下回った場合であっても、そう簡単に企業が事業を停止することはありません。なぜなら、生産をストップしても固定費用（家賃や人件費など）はかかり続けるからです。全体の収支が赤字であれ、売上が可変費用（原材料費など）を上回っていれば、そこから固定費用の一部を補うことができます。

しかし、売上が損益分岐点を大幅に下回り、可変費用すら補えない場合は事業を停止した方が好ましいと考えられます。このまま事業を継続させても、損失を拡大させるだけの可能性が高いからです。このように、売上と可変費用が一致するポイントを「**操業停止点**」といいます。

【損益分岐点と操業停止点】
損益分岐点：売上高＝総費用
操業停止点：売上高＝可変費用

ここまでの要点をまとめると、企業の売上が損益分岐点を下回っても、利益にはならずとも赤字額を減らすことは可能です。しかしその一方、操業停止点を下回ると赤字額を拡大させることになり、事業を継続する意味がなくなってしまうのです。

生産活動を続けるかどうかは、売上高と変動費の関係から判断することができます。

「内部留保」とその問題

ところで、企業が獲得した利益はどのようにして運用されているのでしょうか？　一般的に、企業は収益の一部を「従業員への給与」や「株主への配当」のような形で外に出し、その残りの利益剰余金は**「内部留保」**(Retained Earnings)として積み上げます。内部留保とは、企業が生み出した利益のうち、社内に蓄積されるもののことで、企業版の貯蓄とも言えるでしょう。

内部留保を積み上げておけば、さらなる新規事業を立ち上げやすくなりますし、企業にもしものことがあった場合の備えにもなります。たとえば、売上の不振などで損失（赤字）が生じれば、企業は内部留保を取り崩すことで対応することができます。（深刻な場合には、内部留保だけでなく「自己資本」を棄損させなければなりません。）

しかし、その一方で企業が内部留保を増加させることを問題視する声もあります。それは、**企業が利益を貯め込むことによって、本来還元するべきところにおカネが回らない**からです。いくら業績を上げても、給料に反映されなければ従業員の不満は溜まっていくでしょうし、積極的な設備投資が行われないと景気は停滞します。そのため、一部の企業では内部留保に対して課税が適用されています。このように、企業には獲得した利益をバランスよく運営していくことが求められているのです。

家計の貯蓄と同様に、内部留保の市場への資金還元が促進されています。

変化する雇用のカタチ

企業の重要な役割のひとつに「個人の雇用」(employment) があります。これまで、日本の雇用形態は**「終身雇用制」**が中心でした。しかし現在の日本経済は停滞状態にあり、少しずつ雇用のカタチも変化してきています。

終身雇用制は、1950年ごろから導入されはじめ、新卒時に就職した1社で定年まで勤め上げるというものでした。当時の日本は右肩上がりの経済成長を続けており (高度経済成長)、安定した体制づくりのためには、「新卒一括採用」や「年功序列型賃金」で優秀な人材を一気に囲い込み、長期的に就労してもらうことが重視されていたのです。しかし、このような雇用形態は日本経済の成長を前提としていたため、継続的な経済発展が期待できなくなった現代では、終身雇用制を維持することが難しくなっています。

そんな中で、従来の年功序列制度を廃し、成果や能力を重視する中途採用や経験者採用などを設ける企業も増えてきました。今では、自分の能力を評価してくれる職場を求めて、労働者が転職を繰り返すこと (ジョブホッピング) も珍しくありません。

また、「人生100年時代」を受けて、企業が定める定年の上限年齢を延長するような動きも見られます。これまでは定年を60歳と規定する企業がほとんどでしたが、2025年4月からは「65歳までの雇用確保」が義務づけられています。加えて、65歳から70歳までの就業機会を確保するために、さらなる定年の引き上げや定年の撤廃なども検討されています。

高齢者の労働をテーマにした作品に、『マイ・インターン[★27]』という映画があります。ロバート・デ・ニーロ演じる主人公・ベン（70歳）は、定年退職後の悠々自適な生活に満足できず、再び社会との関わりを求めます。新進気鋭のベンチャー企業に「シニア・インターン」（社員見習い）として迎えられたベンでしたが、社内で明らかに年老いたベンの存在は異質で、若き女性社長ジュールズをはじめ周囲の人間はベンの扱いに困惑するばかりでした。そのような環境の中で、ベンは豊富な人生経験を活かして自分の居場所を見出していきます。年齢や性別を超えた信頼関係が生まれるシーンは感動的です。

この作品は、従来の「当たり前」にとらわれない自由な働き方が描かれています。ちなみに、一般的にインターンシップといえば学生による就業体験を指しますが、シニア・インターンは社会経験が豊富なシニアを対象にしています。主に海外などで注目されており、これからさらに増えてきそうな雇用・勤労形態だと言えるでしょう。働き方が多様化する中では、『マイ・インターン』のベンが築いたように、あらゆる世代が積極的に活躍できる環境づくりが大切です。

老後2000万円問題もあり、定年後も継続して働きたいという人は今後さらに増えてくるのではないでしょうか。

★27　2015年公開のアメリカ映画、ナンシー・マイヤーズ監督。ロバート・デ・ニーロとアン・ハサウェイを主演に、年齢や性別を超えた働き方を描いた人間ドラマ。

COLUMN

働く意味と労働者の保護

一般に労働者は、自身の労働力を提供し、その対価として報酬（給料）を受け取ります。給料は英語で“Salary”といいますが、これはかつて貴重品であった「塩」（salt）を給料として受け取っていたことに由来しています。ちなみにサラリーマンは和製英語であり、英語では“Office Worker”と表します。

ここで、労働者が受け取る報酬についていくつか補足しておきましょう。まず「給料」は基本給のことで、もっとも一般的に使われる用語です。一方で「給与」や「賃金」という場合には、基本給に加えてボーナスなどの諸手当も含まれます。また、厳密には「給与」（salary）は支払う側から見た用語で、「賃金」（wage）は支払われる側から見た用語であるといった違いがあります。

なお、賃金の支払い方については、**「労働基準法」**[*28]の中で一定のルールが定められています。

①「通貨」で支払う

賃金は、かならず通貨によって支払わなければならず、

*28 弱い立場にある労働者が保護されるように、労働に関する最低限の基準を決めた法律。賃金、就業時間、残業時間の上限や不当解雇の禁止等を定めています。

商品などのモノ（現物）で支給することは許されません。ただし、法令または労働協約で定めがある場合には、通貨以外のものによる支給も可能となります。また、原則的には現金支給ですが、労働者本人が「同意」すれば、労働者が指定する本人名義の銀行口座への送金（振込）によって支払うことが認められます。[★29]（2023年4月より、給与の「デジタル払い」が解禁されました。）

②「全額」を支払う

賃金は、かならず一括で全額を支払う必要があります。ただし、法律に別の定めがある場合（源泉徴収や社会保険料の控除）や労使協定がある場合（社宅費用など）には一部控除が認められます。なお、遅刻や欠勤、早退した場合などに給料から差し引くことは、全額払いの原則に抵触しません。

③「毎月1回以上」支払う

給料は、かならず毎月1回以上支払う必要があります。1回以上であれば、2回でも3回でもかまいませんが、2カ月に1回などは許されません。

④「一定の期日」に支払う

給料は、1カ月の間の一定の日に支払う必要があります。

★29　現在では当たり前になっている銀行（口座）振込も例外扱いです。

たとえば毎月25日、末日、10日など、あらかじめ定めておいた日に支払います。

⑤「直接本人」に支払う

給料は、かならず労働者本人に支給する必要があります。家族やその他の代理人に渡すことは許されません。そこで給与振込口座も、かならず本人名義であることが必要です。

2 不完全な競争

自由な競争が成長を生む!

先ほど、現在の資本主義社会は、基本的に企業の「自由競争」を原動力(基本原理)にして成り立っているとお伝えしました。そのため、**この競争の原理を保つことが市場にとって大切なこと**になります。

まず、多数の売り手と買い手が参加する自由競争によって価格が決められる市場のことを**「完全競争市場」**といいます。この完全競争市場が成立するには、以下の4つの条件が満たされる必要があります。

【完全競争市場の条件】
①売り手と買い手が「多数」存在する。
②市場への「参入・退出」が自由である。
③市場で取引される商品が「同質」である。
④市場で取引される商品に関する「情報」が共有されている。

ちなみに、このような「完全競争市場」は、誰もが自由に売買を行える理想的な市場の“モデル”であって、現実に存在しているわけではありません。

一方で、これらの条件が満たされず(競争の原理が働かず)、商品の価格や生産量が適切に定められない現象を**「市場の失敗」**といいます。市場の失敗が生じる原因は様々ですが[★30]、そのひとつに独占・

★30 市場の失敗の原因としては、「独占・寡占」の他にも、公害などの外部要因が市場に影響を与える「外部性」、売り手と買い手の情報量の差によって適正な取引が行われなくなる「情報の非対称性」(42ページ参照)などが挙げられます。

寡占の問題があります。本来は市場の競争原理によって商品価格や生産量が決定されますが、独占・寡占状態になるとこれがうまく機能しなくなるのです。

「完全競争市場」が成立すれば、市場の原理（需要と供給の関係）がうまく働き、効率的な資源配分が行われると考えられます。

競合他社が存在しない「独占」

まず、**独占**（Monopoly）とは、特定のモノやサービスの生産・販売を1社が支配している状態を指します。このような独占市場では、競合他社が存在しません。そのため競争の原理が働かず、独占企業は市場の状況に左右されることなく価格や生産量の調整を行うことができます。このように、自由に価格のコントロールができる企業を「**プライスメーカー**」（Price Maker）といいます。

とりわけ莫大な初期投資を必要とする業界などでは、独占企業が生まれる傾向が強くなります。たとえば電気やガス、鉄道、通信ネットワークなど社会インフラを担う業界では巨額の初期投資が必要ですし、利益が生まれるまでにかなりの時間を要します。そのため、市場への新規参入が容易ではありません。

さらに、工業製品などを扱う業界では、生産規模を拡大すればするほど単位あたりのコストを下げることができます。これを「**規模の**

経済」(Economics of Scale)といい、他社と競争する上で有利に働くため、独占化が進みやすいと考えられます。

一方で、**悪質な独占行為は独占禁止法によって禁止されています。**たとえば、正当な理由もなく価格を吊り上げたり、他の事業者から顧客を奪うために著しく価格を下げたりなど、公正かつ自由な競争を妨げる行為は規制の対象とされています。

独占や寡占が進むと、企業同士の自由競争が失われるため、様々な問題が懸念されます。

少数の企業で競争する「寡占」

また、少数の企業が生産・販売を支配している状態を**寡占**(Oligopoly)といいます。寡占が進んだ業界では、競合する企業が少数であるため、**各企業がお互いの動向をうかがいながら、同じような価格を設定する**という傾向が強くなります。コンビニで売られる飲料水やスナック菓子が、異なる企業からほとんど同じような価格で販売されているのもそのためです。

このとき、寡占市場における価格の決定に強い影響力を持つ企業のことを「**プライスリーダー**」(Price Leader)といいます。業界シェア率の高い企業が担う場合が多く、他の企業はプライスリーダーに追随する形で価格を設定します。

なお、本書では詳しく触れませんが、業界のシェア率から「強者」

と「弱者」に分類し、経営方針を分析したマーケット理論として「ランチェスター戦略」(Lanchester Strategy) が有名です。ざっくり言えば、勝てる分野で戦うということです。元々は戦争戦略のためのものでしたが、今ではそれを応用して中小企業が大企業に打ち勝つための経営戦略などに活用されています。

一方で、寡占市場では、複数の企業で**カルテル(企業連合)**を形成し、共同の利益を得るために話し合って(連絡を取り合って)、価格や生産量を決定する事例も見られます。しかし、このように企業

寡占業界のシェア率

国内における
検索エンジン(PC)のシェア

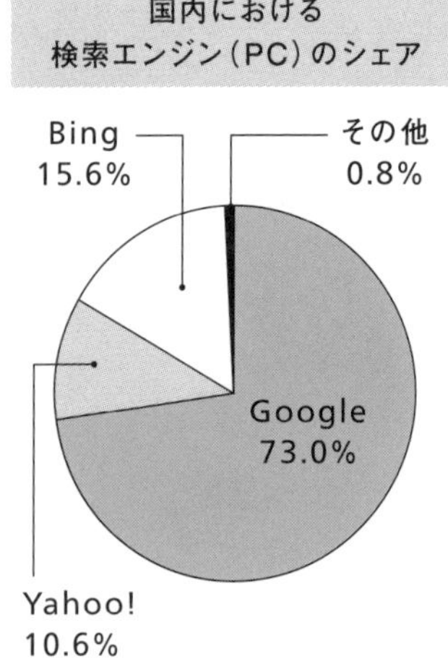

Statista(StatCounter)を基に作成

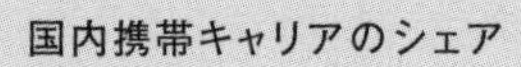

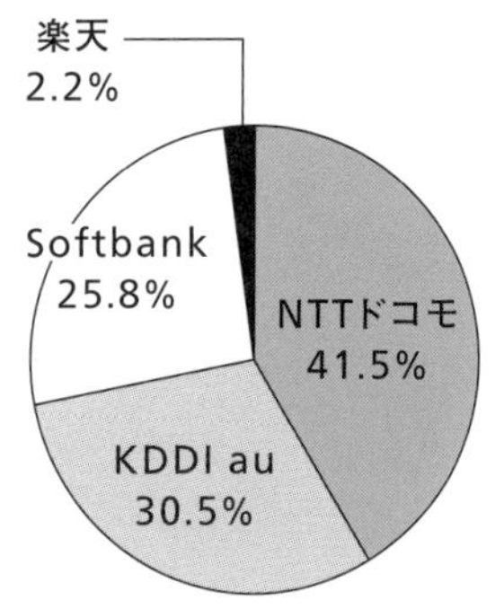

総務省「通信市場の動向について」を基に作成

同士がお互いの利益を保障するために手を取り合う行為は、自由競争を阻害するとして独占禁止法で禁止されています。

なお、各企業が自由意思に基づいて価格を決定し、結果としてプライスリーダーに追随した価格が形成されている場合はカルテルにあたりません。あくまで「たまたまそうなった」ということが大切です。

いずれにせよ、独占・寡占市場では、競争の原理とはまったく異なるところで価格や生産量が決められます。そうなると価格は下がりにくくなり(**価格の下方硬直性**)、私たち消費者は不利益を被ります。また、自由競争が行われないために商品の品質が低下したり、他の企業による市場参入を阻止しようとしたりするなど、様々な問題へと発展する危険性も考えられます。

寡占業界では、価格以外の分野(デザイン、機能など)で競争が激化していくことがよくあります。

寡占業界におけるゲーム理論

寡占が進んだ業界では、競合する企業が少数であるため、各企業がお互いの動向をうかがいながら、自社にとって最適な行動をとっています。こうした寡占業界の行動原理は、「ゲーム理論」(Game Theory)の登場によって本格的に分析されるようになりました。

ゲーム理論とは、利害関係にある複数のプレイヤー同士(ここでは寡占業界における各企業のこと)が、互いに影響を与え合いながら意思決定を行うという理論です。ここで、ゲーム理論の代表的なモデルである「**囚人のジレンマ**」(Prisoner's Dilemma)についてご紹介しましょう。

ある犯罪に関する容疑で捕まった2人の共犯者が、それぞれ別室で警察に取り調べを受けています。警察は、容疑者に自白を迫るなかで次のような要件を伝えます。

- **2人のうち1人だけが自白した場合、自白した方は無罪・自白しなかった方は懲役10年**
- **2人とも自白しなかった場合は2人とも懲役2年**
- **2人とも自白した場合は2人とも懲役5年**

囚人のジレンマ

		容疑者B	
		自白する	自白しない
容疑者A	自白する	2人とも懲役5年	容疑者Bのみ懲役10年
	自白しない	容疑者Aのみ懲役10年	2人とも懲役2年

この場合、それぞれの容疑者にとって最適な選択肢はどれでしょうか。

各個人にとって理想の状況は、「自分だけが自白して、もう1人が自白しない」であることは間違いありません。しかし、2人ともが自分自身の利益だけを考えて自白すれば、それぞれに懲役5年の刑が科せられてしまいます。

あるいは、お互いの共通利益を考えて2人ともが「自白しない」を選択すれば、それぞれ懲役2年の刑で済みます。しかし、自分だけが「自白しない」を選択しており、もう1人が自白していた場合は懲役10年の刑が科されてしまいます。

このように、自分の利益だけを優先しようとすると、結果的にお互いが協力していた場合よりも悪い結末を招いてしまう。これが「囚人のジレンマ」です。

これは、寡占業界に置き換えても同じことが言えます。たとえば、同じような商品を扱う市場で価格が拮抗(きっこう)している中、自社だけが値下げを実行すれば他社を出し抜くことができます(「囚人のジレンマ」では自分1人だけが自白している状態)。

1回きりのゲームであれば、これが勝ち抜くための最善の選択であると言えるでしょう。しかし、実際の市場ではその後も他社との競合が続きます。自社の値下げに対して、今度は他社が大幅な値下げで対抗してくるかもしれません。もしそうなれば、業界全体で価格の値下げ競争が始まってしまいます。

このように、**寡占業界では自社の利益だけを優先した判断を行うと、結果として業界全体に不利益をもたらす**ということが考えられます。そのため、実際の寡占業界では現状の価格を維持することで共通の利益が優先されているのです。

> 繰り返しになりますが、複数の企業が示し合わせて「値下げをしない」という取り決めを結んでいた場合は「カルテル」にあたるので注意が必要です。

3　株式会社の登場

株式会社の起こり

これまでの歴史を見ていくと、社会に急速な経済発展をもたらした要因のひとつとして、「**株式会社**」(Co.Ltd : Company Limited) の存在は欠かせません。現在では、企業の半数以上が株式会社であると言われており、一般に「(株)」の略称で表示されます。

株式会社の始まりは、歴史の教科書でよく見る「東インド会社」(EIC:East India Company)にまでさかのぼります。東インド会社とは、

東インド会社のロンドン本社　写真提供：duncan1890/ iStock

17世紀初めに、アジア地域との「貿易独占権」を与えられた特許会社で、とくにオランダ東インド会社やイギリス東インド会社がよく知られています。

当時、ヨーロッパ諸国ではコショウ（胡椒）などの「香辛料」が非常に高価なモノとして扱われていました。そのため、香辛料の原産地であるインドなど（アジア地域）と貿易を行うことは、ヨーロッパの人々にとって一攫千金のチャンスでもあったのです。

たくさんの香辛料を持ち帰ることができれば、それは大きな利益へとつながりますが、その一方で、インドへ到達するまでの航海には莫

株式会社の仕組み

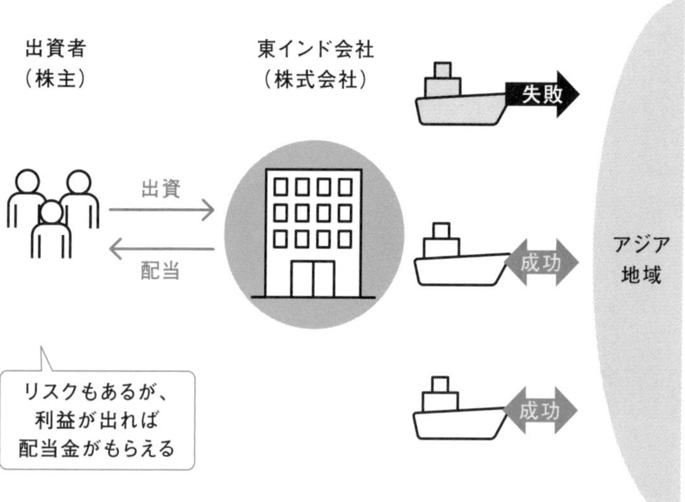

大な費用がかかります。さらに言えば、難破や疫病の感染などのリスクもあり、生きて帰れる保証などなかったのです。

そこで登場したのが、いわゆる株式会社という形態でした。おカネ持ち（王や貴族など）が事業に出資し、会社の経営自体は実際に出航して貿易事業を行う人たちが担う。つまり、おカネを出資する人と事業を行う人を分け、航海にかかる大きなリスクを分散させたということです。もちろん、無事に貿易から帰ってくることができれば、獲得した収益を配当金として分配して清算しました。こうして誕生した「東インド会社」はアジア地域との貿易を通じて莫大な利益を獲得し、出資者・事業主ともに相互利益をもたらしたのです。

このように、**出資者と事業主を分けてリスクを分散し、事業がうまくいけば出資者にも利益を分配するというのが株式会社の仕組み**です。そして、事業主がよりたくさんの人から、より多くのおカネを集めるために開発されたのが「**株式**」（Stock）でした。

株式会社の登場によって、社会には大きな変革がもたらされました。

資金を調達しやすいからこそ…

あらためて、株式会社とは、発行した株式を販売することで資金を調達し、事業を行う会社形態を指します。なお、株式とはおカネを出資してくれた人に対する証券のことで、基本的に自由に売買することが可能です。

たとえば、ある事業を始めるための出資金が1000万円必要だったとしましょう。この出資金を個人で全額用意するのは難しいですが、仮に1000人で分担することができれば、1人あたり1万円の出資で済みます。そこで事業主は、株式市場などを通じて事業に賛同してくれる人を募り、出資してくれた人には株式(証券)を発行します。

出資者からしても、1万円から出資できるのであれば気軽におカネを投じることができます。仮に事業が成功すれば、出資金が数倍に膨れ上がるかもしれませんし、事業が失敗したところで出資分の金額を失うだけで済みます。出資者は、**自分の出資したおカネ以上の責任は負わない**のです(**有限責任**)。また、会社の経営が危ないと感じたら、いつでも株式を売りに出すことができます。

このように、**株式会社はたくさんの人とリスクを共有することで、多額のおカネを集めやすい**という特徴を持っています。そのため、うまく出資者の賛同さえ得られれば、さほど元手がなくてもビジネスを始めることができます。現在、多くの企業が「株式会社」という形態をとっているのもそうした理由からでしょう。株式会社の普及は、これまで社会や経済の急速な発展に多大な影響を及ぼしてきました。

多額のおカネを集めやすい形態だったからこそ、株式会社はここまで普及しているのです。

「所有と経営の分離」って？

株式を保有する人（出資者）を**「株主」**（Shareholder）といいます。株主は、事業への出資者として会社の利益配分を受けることができるのに加え、会社の経営にも関与する権利をもちます。もう少し詳しく見ていきましょう。

まず、特定の株式会社の株主になると、出資者としてその会社の実質的なオーナー（所有者）に位置づけられます。会社は株主の出資金を元手にして経営されるので、会社の実質的な所有者として様々な権利を持つことができます。そして、実際の事業は株主が委任した経営者（事業主）に任せます。このように、株式会社では会社の所有者と経営者が分かれており、これを**「所有と経営の分離」**といいます。

とはいえ、株主は会社の経営にまったく関与しないわけではありません。株主が集まる会社の最高意思決定機関を**「株主総会」**といい、会社の方針や経営に関する人事、配当や報酬について大きな影響力を持ちます。たとえば、会社を代表する立場である取締役は、この株主総会において選任され、実際の経営権を託されます。もちろん株主自らが会社の経営者に名乗り上げることも可能です。

この株主総会において、基本的に株主は**1株1票の議決権（投票権）**を有します。ポイントは1人1票ではなく1株1票である点です。つまり、**株式の保有率が高い株主ほど株主総会への影響力も強くなる**ということです。さらに言えば、発行されている株式の過半数を保有すれば、その会社の決定権を握ることも可能です。

ちなみに、日本銀行の株式にあたる「出資証券」は、政府が55%、民間が45%保有しています。その名の通り"出資"のみで、経営権はありませんが、配当は受け取ることが可能です。

最近では、様々なタイプの議決権があるため、必ずしも1株1票とは限りません。

「株主総会」は会社の最高意思決定機関

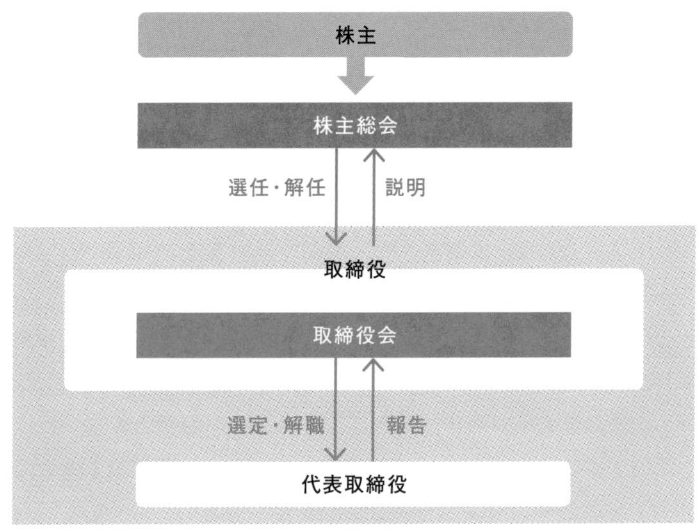

株式を所有することのメリット

実際のところ、経営自体に関心をもって株主総会に参加する株主はそう多くありません。大抵の株主は、配当金や株式売買による利益を得ることを目的としています。

まず、会社が利益を上げれば、株主は株式の保有率に応じてその一部を「**配当金**」として受け取ることができます。もちろん、株式の保有率が高いほど配当金も多くなります。このように、株式を保有していることで得られる利益のことを「**インカム・ゲイン**」(Income Gain)といいます。また、配当とは別に「**株主優待**」を受けることもできます。会社によって内容は異なりますが、株式を保有する企業の商品やサービスの商品券、回数券などが提供されます。

さらに、株主は保有する株式を売買することで利益を得ることもでき、これを「**キャピタル・ゲイン**」(Capital Gain)といいます。基本的に株式は自由に売買されており、株価は常に変動しています。詳細は後述しますが、要は、株式を購入したときの価格よりも高く売却することができれば、その差額(売却益)がキャピタル・ゲインとなります。逆に、購入価格を下回る価格で売却した場合には、その差額(売却損)がキャピタル・ロスとなります。

株式を保有することで得られる利益と、株価の変動によって得られる利益(損失)があります。

COLUMN

株式は自由に売買できる

株式は、「株式市場」(SE：Stock Exchange) で自由に売買することができます。一般的に、株式は証券会社を仲介して売買されており、その価格も市場の原理 (需要と供給の関係) に従って決められます。その企業の業績が良かったり、新商品や新規事業が注目を浴びていたりすると、需要が高まり株価も向上します。反対に、売上が伸びなかったり、不祥事が発覚したりすれば、需要が下がり株価も落ち込みます。まさに魚の市場で見られるような競りの仕組みと同じようなものです。

なお、株式や債券などの金融商品を購入することは**「投資」**(Investment) にあたります。ここでの投資とは資産運用の手段のひとつであり、利益を見込んで自己資本を投じる行為全般を指しています。

しかし、投資にはリスクが付き物です。見込んだ利益を確実に回収できるとは限りませんし、銀行におカネを預けるのとは異なり、投資した分のおカネを大幅に失ってしまう可能性もあります (元本割れ)。そのため、日本は他の先進国と比べて銀行預金の比率が高く、「株式」などの証券投資は少ないままです。

現在、岸田政権が「貯蓄から投資へ」のシフトを推進しているというのはすでに述べた通りです。2023年は「資産所得倍増元年」とされ、個々人の生き方・働き方が多様化するなかで、それぞれのライフプランに合わせた資産形成が求められています。政府の側も「NISA」[★31]を拡充して投資による所得を長期間非課税にするなど、さらなる投資を促しています。

ちなみに、投資の世界では「ハイリスク・ハイリターン」(High Risk, High Return)という言葉をよく耳にします。これは「損失する危険が大きいが、うまくいけば利益も大きい」という意味で広く理解されています。しかし、本来"risk"は「挑戦」という意味に近く、「頑張って挑戦すれば、大きく報われる」というようにも考えられます。しかし、日本では"risk"を「危険」としか訳さないために、投資に対して過度に消極的なイメージを持ってしまっているのかもしれません。

上場するとどうなる？

株式には、大きく分けて**「上場株式」**と**「非上場株式」**があります。「上場株式」とは、証券取引所に公開されている株式のことで、証券会社を通じて自由に取引することができます。

反対に「非上場株式」とは、証券取引所（金融商品取引所）に上場（公開）されていない株式のことで、証券会社を通じて取引すること

★31　個人投資家のための税制優遇制度。英国の「ISA」(Individual Savings Account)を手本に、日本版ISAとして2014年1月に始まりました。2024年に「新NISA」として制度が拡充されました。(NはNipponの略)

ができません。原則、個人間の合意があれば株式の譲渡・売買は可能ですが、基本的には会社の許可が必要であるなど、株式を取引するためのハードルは高いと言えます。

なお、**「株式が上場する」ということは、株式が証券取引所で取引されるようになること**を指します。これは、株式が投資家の取引対象になるということです。一般的に株式が上場すれば、多くの投資家が購入できるようになるため、よりたくさんの資金を調達しやすくなります。また、企業の知名度も向上するので、社会的な信頼や優秀な人材を確保しやすくなるといったメリットもあります。

しかし、上場するためには証券取引所が定める厳しい条件を満たす必要があります。たとえば、上場時の見込みで、株式数や時価総額、純資産、企業の継続性及び収益性、経営の健全性など様々な項目でチェックされます。このような厳しい基準を設けるのは、投資家に安心して取引をしてもらうためです。一定の基準がなければ、上場してすぐに倒産する企業や、虚偽の内容で上場しようとする企業が出てくるかもしれません。

一方で、上場するにあたってはデメリットも考えられます。そもそも上場し、それを維持するには費用がかかりますし、**上場して株式の自由な取引が可能になると、一部の投資家に買われ、経営権を奪われてしまう可能性**があります。株主総会では重要事項の議決が行われます。議決権の過半数を保有すれば、その会社の経営権を握ることができるのです。そのため、同族経営を継続したい企業な

株式売買の仕組み

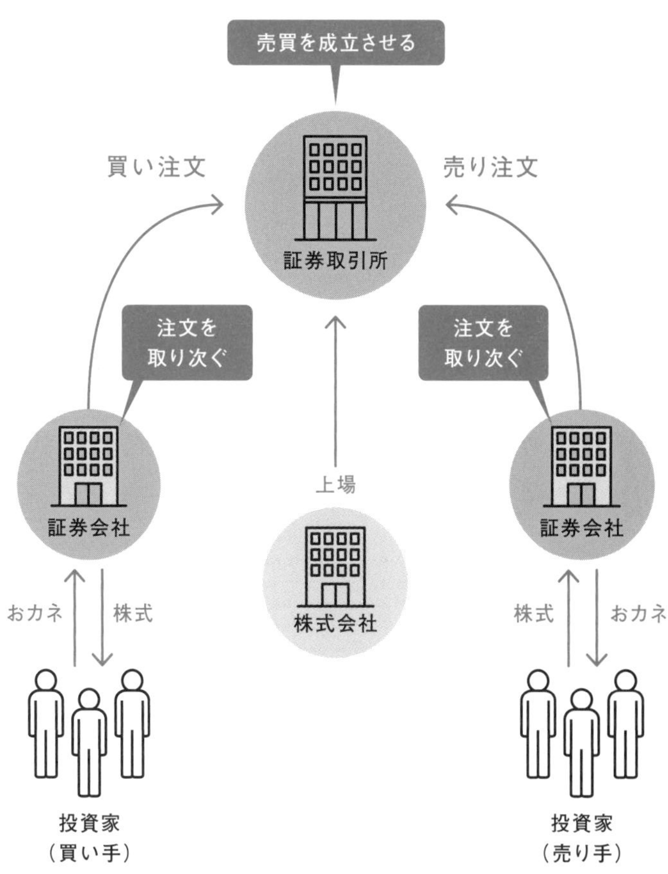

売買を成立させる
買い注文
売り注文
証券取引所
注文を
取り次ぐ
注文を
取り次ぐ
上場
証券会社
証券会社
株式会社
おカネ
株式
株式
おカネ
投資家
（買い手）
投資家
（売り手）

どは、株式上場に消極的である場合が少なくありません。実際、上場企業の株主総会で「動議」が掛かり、結果として経営陣が入れ替わることもありました。

上場するという意味の表現は「be listed」となりますが、これは取引所の名簿（銘柄）に記されるということがベースになっています。

第3章 景気の良し悪し

——GDPと物価指数

1 景気を測るGDP

気分が景気を左右する

「景気」とは、私たちの経済活動の調子をあらわす言葉です。それはなにも、国家レベルの経済規模に限った話ではありません。「景気どう?」「ダメだね」という挨拶が日常的に交わされているように、私たちは“景気”という言葉を日々の会話に取り入れて用いています。

さらに言えば、「景気の“気”は気分の“気”」ともいわれ、各個人の「気の持ちよう」は景気の動向に大きな影響を与えます。大抵、気分が良いときには財布の紐を緩めてどこかへおいしいものを食べに行ったりしますし、気が滅入っているときには食欲がわかなかったり、出かけるのが億劫(おっくう)になったりするものです。「行動経済学」という分野があることからもわかりますが、やはり経済学は「心理的」な影響を無視して語ることができません。

なお、筆者の知る限り、日本では鴨長明の『方丈記』[★32](1212年)に「景気」という言葉が登場しており、かなり古くから使われていた表現であることがわかります。英語では“Economic Condition”、あるいは“Business Condition”という言葉が用いられていますが、日本語の“景気”とは異なり、数値としての意味合いが強く感じられるのも興味深いことだと思います。

第1章の冒頭では、経済は人間のカラダと同じような機能を持っ

★32 安元の大火、治承の竜巻、養和の飢饉、元暦の地震などの天災の記述が多いことから、日本初の「災害文学」ともいわれています。

ているとお伝えしましたが、さらに加えて言ってしまえば、景気は体調のようなものです。そのため健康診断と同じように、景気の良し悪しも「指標」(指数)を用いて測ることができます。その指標は様々ですが、とりわけ「**GDP**」と「**物価**」という2つの指標が重要で、国家的な経済目標としても用いられています。

「病いは気から」ということわざもあるように、「気の持ちよう」はあらゆる活動に対して影響力を持っていることがわかります。

「GDP」って?

まず、その国の経済力や経済規模を測る指標として**GDP** (Gross Domestic Product) があります。GDPとは「**国内総生産**」のことで、一定期間内に国内で生産された付加価値(どれだけ利益を生み出したか)の合計を指します。簡単に言ってしまえば、「売上−費用」の積み重ねのことです。

ここで、パン作りの工程を例に考えていきましょう。ある農家が小麦を収穫して10万円の付加価値を生産したとします。そして、その小麦を仕入れた製粉業者が15万円分の小麦粉を生産した場合、+5万円の付加価値が創出されたことになります(小麦粉15万円−原材料の小麦10万円)。

さらに、その小麦粉を仕入れたパン屋が20万円分のパンを生産すると、同じように+5万円の付加価値が創出されます（パン20万円−原材料の小麦粉15万円）。

こうして、パン作りの工程において生産された付加価値の合計値、すなわちGDPは+20万円（10万円+5万円+5万円）として計算されます。

付加価値の合計ってどういうこと？

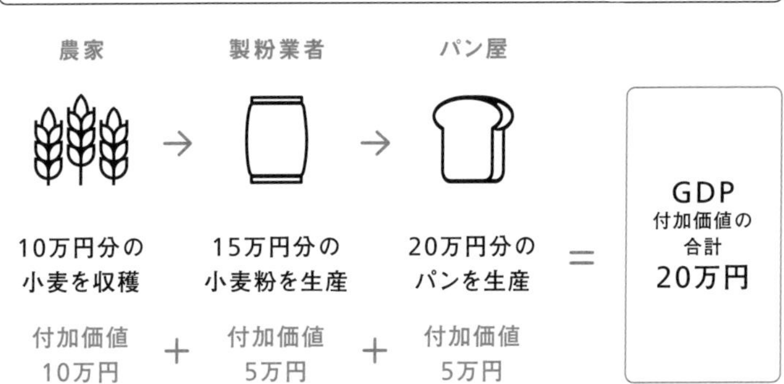

このように、おカネのやりとりが増えるにつれてGDPは高くなります。たとえば、自分で家事をしてもGDPに影響はありませんが、家事代行サービスを業者に頼めば、おカネの支払いが生じてGDPにカウントされます。

GDPの増加には、活発な取引が行われることが大切です。

COLUMN

「GDP」と「GNP」の違い

GDPと同じような指標のひとつに**「GNP」**(Gross National Product)があります。これは**「国民総生産」**のことで、一定期間内に国民が生産した付加価値の合計を指します。GDPとの違いは、**「国内」ではなく「国民」が生産した付加価値**であるという点です。

たとえば、日本のGNPは日本企業が海外支店等で生産したモノやサービスの付加価値を含みますが、GDPでは除外されています。一方で、日本のGDPは日本在住の外国人による生産活動における付加価値を含みますが、GNPでは除外されています。

これまで、日本の経済力を測る指標としては主にGNPが用いられてきました。しかしグローバル化が進むにつれ、GNPでは国内経済の実情を把握することが難しくなっています。それは、多くの日本人・日本企業が海外に進出し、あるいは多くの外国人・外国企業が日本で活動を行うようになり、日本のGNP値は海外の経済動向に大きく左右されるようになったためです。そこで、今ではGNPからGDPへの移行が促されており、主な統計資料ではGDPが用いられるようになっています。

「名目GDP」と「実質GDP」

国を発展させていくためには、安定した経済成長を実現・継続することが大切です。なお、GDPが前年や前四半期と比べてどれだけ伸びたかは**「経済成長率」**(%)で表します。日本の内閣府は、国連の定める国際基準に準拠して四半期ごとのGDPと成長率を公表しており、国内の景気動向を判断する上で重要な指標としています。

【ある年の経済成長率の求め方】

$$\text{経済成長率(\%)} = \frac{\text{(本年度のGDP} - \text{昨年度のGDP)}}{\text{昨年度のGDP}} \times 100$$

ここで注意したいのが、**「名目GDP」**と**「実質GDP」**の違いです。名目GDPとは、実際に市場で取引されている価格に基づいて推計された値を指します。そして、名目GDPから物価変動の影響を差し引いた値を実質GDPといいます。

仮に、200X年から200Y年にかけて名目GDPが10%上昇したとしても、同じように物価が10%上昇していれば、実質的な豊かさはあまり変わりません。一見すると付加価値の合計額が上がっているように見えても、それは物価の上昇に伴っているだけで、実際の取引数量が増えたわけではないからです。

なお、実質GDPは**「GDPデフレーター」**を用いて計算することができます。GDPデフレーターとは、物価の変動を示す指数のひとつであり、この数値が1以上であれば物価が上昇していることを示し、1未満であれば物価が下落していることを示します。

【実質GDPの求め方】

$$実質GDP = \frac{名目GDP}{GDPデフレーター}$$

このように、名目GDPと実質GDPではその意味合いが異なります。内閣府の統計資料ではどちらの成長率も公表されていますが、一般的に景気動向や経済成長率を見るときには実質GDPを重視することが多いと言えます。

「名目」と「実質」の違いは、物価変動を考慮するか、考慮しないか、の違いです。

2 GDPを押し上げる成長戦略

GDPを構成する3つの要素

では、GDPの向上に必要な**成長戦略**（Growth Strategy）とはどのようなものでしょうか？　まず、GDPは**「人口・資金（おカネ）・知識」**という3つの要素から構成されています。GDPを向上させるには、これらの3要素それぞれが増加するように働きかける必要があります。何にターゲットを定め、どのようにアプローチを仕掛けるのか。このように具体的な計画を立てて実行に移す流れが「成長戦略」となります。

【GDPを押し上げる3つの要素】
GDP ＝人口 × 資金（おカネ）× 知識

成長戦略には「人口・資金・知識」という3つの要素が欠かせません。しかし、現在の日本では「人口」の増加は見られず、「資金」の面でも限界に近いレベルで金融緩和を行っています。そのため、これからの経済成長にはとりわけ「知識」の重要性が増してくるだろうと考えられます。それでは、これより3つの要素それぞれについて、詳しく見ていきたいと思います。

世界の国々はどのような成長戦略を打ち出しているでしょうか。

★33　生産の中心を担う人口層です。就業者と失業者を含む15～64歳が該当しますが、これはかつて中学校を卒業して働く人が多かったからだと考えられます。現在の就業者状況とはズレが生じていますが、「継続性」の観点から統計の変更は困難です。

人口（Population）

当たり前ですが、人口の増加は「労働力」そして「消費者」が増えることを意味しています。そのため、人口の増加は産業の活性化と密接に関わっており、経済成長には欠かせません。

日本の人口推移は2008年にピークを迎えて停滞したのち、2011年から減少を続けています。さらに、2060年には1億人を割り込むといった予想までされています。岸田政権は、人口減少を改善する方針として「異次元の少子化対策」を打ち出し、児童手当や育児休業の拡充などを掲げていますが、今後も減少の見込みとなっています。

なお、総務省による「労働力調査」に関する統計を見れば（次ページの図参照）、15 ～ 64歳の人口（生産年齢人口[★33]）が減少する一方で、近年の就業者数（労働力人口[★34]）は増加傾向にあります。これは、以前に比べて主に「女性」や「高齢者」（65歳以上）の就業率が上昇していることに起因していると考えられます。今後の経済成長を維持するためには、専業主婦の就業や定年退職後の再雇用など、性別や世代にかかわらない労働参加が求められています。

また、人口増減の内訳は、死亡数と出生数の差による**「自然増減」**と、転入・転出の差による**「社会増減」**とに分けられます。この社会増減には**「移民」の流出入**も含まれています。

日本における「在留外国人」（移民）の人口は増加傾向にあり、出入国在留管理庁（入国管理局は廃止）によれば、2022年末に在留

★34　労働への意欲や意思、能力を持つ人口、つまり、実際に働いている人と働く意思のある人（ハローワークなどで求職活動をしている人）の合計です。15歳以上で上限はありません。

外国人数が初めて300万人を超えました。さらに、現在の在留外国人は人口比で2%程度ですが、50年もすれば1割を超えてくると予想されています。これは、そもそもの移民数の増加もありますが、移民の出生率が日本人の出生率よりも高いことが要因として挙げられます。

経済の側面だけで考えると、人口減少や少子高齢化が進む日本において、新たな働き手になりうる移民の増加はプラスに働きます。しかし、日本には明確な移民政策がないとも言われており、この問題をめぐっては賛否の声が上がっています。今後、さらなる少子化の進行がと予想される日本では、「移民の受け入れ」に関してどのよう

生産年齢人口と労働力人口の推移

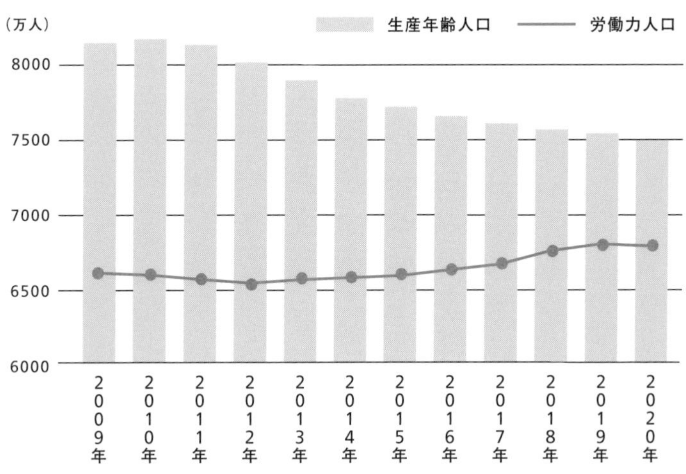

★生産年齢人口は15～64歳の総計、労働力人口は15歳以上の総計

総務省統計局「人口推計」「労働力調査」を基に作成

に対峙していくか、今まで以上に本格的に取り組んでいかなければなりません。

人口減から生じる問題は、少子高齢化や出生率減少、貧困問題から環境破壊まで多岐にわたっています。

資金（Money）

仮に労働力人口と生産量が増加しても、それが売上につながらなければ意味はありません。第1章でも述べましたが、人々が消費・投資におカネを使わないと、企業の業績が悪化し、従業員の賃金が下がり、国内の消費はさらに冷え込みます。やはり市場におカネが出回らなければ、GDPの向上は期待できないのです。

マクロな視点で見れば、政府は市場に出回るおカネの流通量を調整しています。詳細は後述しますが、最近では、日本銀行が中心となって通貨供給量（マネタリーベース）を増加させたり、0%以下の金利である「マイナス金利」を導入するなど、量的にも質的にも限界に近いレベルで超金融緩和政策が行われています[★35]。

また、おカネの「流通速度」（回転数）を上げることも、経済成長にとって重要です。ここでいう流通速度とは、一定期間におカネが何回取引されたか（どれだけ回転したか）ということです。

★35　第5章（164ページ～）参照。

【GDPを押し上げる要素】

GDP＝「おカネの総量」(M：Money) ×「流通速度」(V：Velocity)

おカネの流通速度が速くなれば、それだけ活発な取引が行われていることになるので経済成長が促されます。一方で、おカネの流通速度が遅ければ、それは人々が消費や投資を控えていることを意味するので、景気は後退していきます。なお、政府が進める電子マネーの導入には、おカネの流通速度を速める(決済期間を短くする)効果が期待されています。このような決済システムの改革もまた、経済成長戦略のひとつだと言えます。

> 中央銀行が主体となって行う「金融政策」については、第5章で解説しています。

知識 (Knowledge)

「知識」において重要なのは、**「イノベーション」**(Innovation) です。イノベーションとは、技術革新などによって今までにないまったく新しいものを生み出すことを指します。オーストリア出身の経済学者ヨーゼフ・シュンペーター (Joseph Schumpeter) によって理論が提唱されました。シュンペーターは、持続的な経済発展のためには絶えず新たなイノベーションで**創造的破壊** (Creative Destruction) を行うことが重要であると指摘しています。つまり、既存の価値観を破壊してしまうような創造が必要だというのです。

たとえば、アップル社の「iPhone」が、私たちの生活を大きく変えてしまったことは記憶に新しいでしょう。これが創造的破壊と言われるものです。スマートフォンの登場は、従来の携帯電話のシェアを破壊し、カメラ業界・音楽業界をはじめとする様々な業界に甚大な影響を及ぼしました。

規模・程度の差はあれど、広い意味での「創造的破壊」は成長を続ける市場に必ず存在しています。イノベーションが起きなければ、市場経済は単純な価格競争に陥り、企業の利益は限りなく減少・消失してしまいます。

なお、日本政府は2020年に「科学技術・イノベーション基本法」の制定し、特に科学の分野でのイノベーションを促しています。また、それを実践するための「科学技術・イノベーション基本計画」も策定されました。

最近では、イノベーションが生まれる環境づくりにも注目が集まっています。

COLUMN

イノベーションのジレンマ

まったく新しい価値を生みだす「イノベーション」に対して、「リノベーション」(Renovation)という言葉があります。日本では、特に建築用語として聞き慣れているかもしれませんが、これは既存のモノを修復し、性能を上げたり、新たな価値を加えたりすることを指します。

もちろん、企業が自由競争の中で生き残っていくためにもリノベーション的な視点は重要です。しかし、既存の商品の改良・改善にこだわりすぎると、時に革新的な技術の台頭によってポジションを奪われ、市場からの撤退を強いられるかもしれません。

特に、業界シェア率の高い大企業では、安定した事業運営が求められるため、既存の商品やサービスのアップデートばかりに注力する傾向があります。そのため、まったく新しい価値の誕生に対応しきれず、中小企業や新興企業にシェア率を大きく奪われてしまうというケースが多々見られます。日本の携帯電話市場において、各電機メーカーが高性能な機種の開発に気を取られている間に、iPhoneをはじめとするスマートフォンが市場を席巻したことはその代表例です。

このように、既存の事業が成功していたために、新しい技術への対応が遅れてしまうことを**「イノベーションのジレンマ」**といいます。ハーバード大学のクレイトン・クリステンセン（Clayton Christensen）によって提唱されました。消費者のニーズが目まぐるしく変化する現代では、常に新しい価値が誕生していると言っても過言ではありません。ときには、市場を俯瞰してみることも重要なことだと言えるでしょう。

3 景気を測る物価指数

「インフレ」と「デフレ」

経済を測るもうひとつの指標として、**「物価指数」**があります。日本では、一般的に総務省（統計局）が毎月作成している**「消費者物価指数」**（CPI：Consumer Price Index）が主な指標として用いられています。なお、消費者物価指数とは、全国の商品の平均的な物価の動きを表したもので、国家経済を運営する上でGDPと並ぶ最重

消費者物価指数の推移

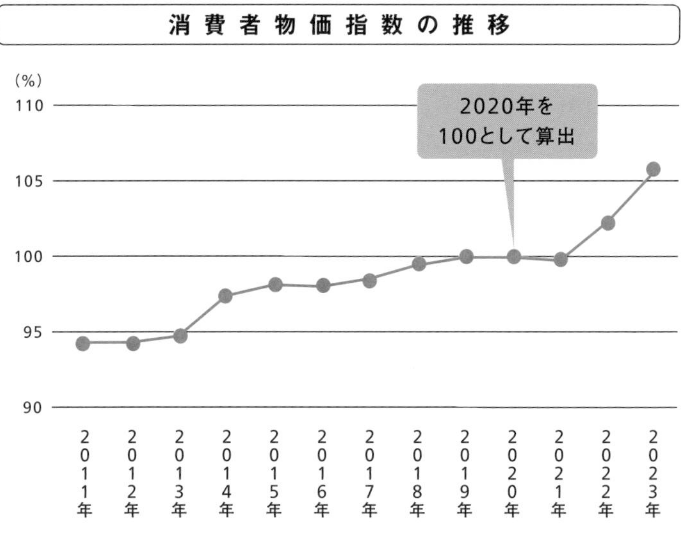

★2020年を「100」とした「総計」。
総務省「2020年基準消費者物価指数」（2023）を基に作成

要指標とされています。

ご存じの通り、物価は市場の原理（需要と供給の関係）に従って常に変動しています。一般的に、人々の消費が盛んになれば、景気が過熱して物価は上昇します。このように、継続的・持続的[★36]に物価が上昇することを**「インフレ」**（インフレーション：Inflation）といいます。ちなみに、“Inflate”は本来「膨張させる」という意味で、風船が膨らむようなイメージで用いられていました。昔の方々は、物価の上昇を「膨張」と捉えていたようです。

なお、インフレが進行すると、実質的なおカネの価値は下がります。たとえば、仮に100万円の貯蓄があったとしても、インフレが進行するにつれて100万円で買えるモノの選択肢は限られてきます。つまり一見すると貯金額は変わらなくても、物価上昇によって実質的な貯蓄は目減りしてしまうということです。

すると、消費者の側にも「今より価格が高くなる（おカネの価値が下がる）前に買っておこう」という心理が働きます。そのため、特に最近の政策では、緩やかなインフレは景気に刺激を与えることができると考えられています。しかし、インフレが加速しすぎるとおカネの価値が暴落し、物価水準を維持できないというハイパー・インフレーション[★37]が生じる危険性もはらんでいます。

一方で、消極的な消費活動が続けば景気は冷え込み、物価は下落します。このように、物価が継続的に下落することを**「デフレ」**（デフレーション：Deflation）といいます。

★36　一般的に「1年程度」の期間を表しています。

★37　ハイパーとは、“高度”などの意味で、経済学では通常“10％以上”の場合を指します。

先ほどのインフレとは反対に、デフレが進行すると、実質的なおカネの価値は上がります。仮に100万円の貯蓄があったとしても、物価が下落すれば100万円で買えるモノの選択肢は増えていきます。つまり一見すると貯蓄額は変わらなくても、実質的な貯蓄は増加するということです。

そのため、消費者の側にも「今より価格が安くなる（おカネの価値が上がる）まで待っておこう」という心理が働きます。すると人々は消費を控え、モノがどんどん売れなくなります。そして企業は生産活動を縮小させ、従業員の賃金が下がり、さらに消費が減退していきます。

デフレスパイラルって？

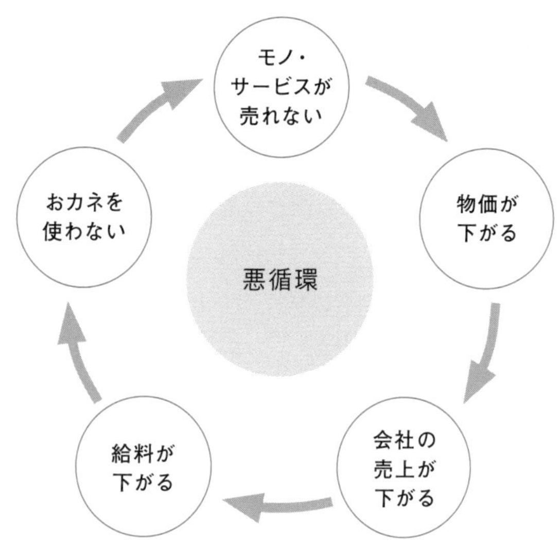

このように、社会におカネが回らず景気が悪化するという悪循環を**「デフレスパイラル」**(Deflationary Spiral)と呼びます。

おカネの回転速度が速い「インフレ」は高血圧、回転速度が遅い「デフレ」は低血圧のようなものだと言えるでしょう。

物価を上昇させるには?

先述したように、経済学では緩やかなインフレが好まれる傾向があります。では、どのようにして物価は上昇するのでしょうか? インフレが発生する要因は、大きく分けて「需要」と「供給」の2つの側面から説明することができます。

まずは「需要」側の要因から生じるインフレについてです。一般的に、人々の購買意欲が高まり、需要が供給を上回れば物価は上昇します。たとえば、減税によって可処分所得が増えると、「何かモノを買いたい」と考える人の割合が高くなります。すると、個人消費が促進されて価格が吊り上がるのです。これは、需要の高まりという外的要因によって価格が引き上げられるという現象で、**「ディマンド・プル・インフレ」**(Demand-Pull Inflation)と呼ばれています。

次に、「供給」側の要因から生じるインフレについてです。原材料の価格や従業員への賃金など、生産にかかるコストが上昇した分を、製品やサービスの価格に上乗せ(転嫁)することで価格が吊り上がります。これは、供給側の生産過程における内的要因によって価格が押し上げられるという現象で、**「コスト・プッシュ・インフレ」**(Cost-Push Inflation)と呼ばれています。

なお、インフレは景気にどのような影響を与えているかによって**「良いインフレ」**と**「悪いインフレ」**に区別することができます。需要が価格を引き上げる「ディマンド・プル・インフレ」は、それが過度なものでない限り、景気の拡大を伴うので、「良いインフレ」であると考えられています。その一方で、供給側のコストが価格を押し上げる「コスト・プッシュ・インフレ」は、物価が上昇しているにもかかわらず、企業の業績は向上せず賃金にも反映されないという悪循環をもたらすため、「悪いインフレ」であると考えられます。

日本では、緩やかなインフレを導くために様々な施策が講じられてきました。

「スタグフレーション」って?

これまで見てきたように、原則として景気が良いときには物価が上昇し、景気が悪いときには物価が下落します。しかし、なかには景気が後退しているにもかかわらず、物価が上昇するという現象が生じる場合があります。この現象を、停滞を意味する"Stagnation"と、物価上昇を意味する"Inflation"を合成して**「スタグフレーション」**(Stagflation)と呼びます。

では、スタグフレーションはどのようなときに起こるのでしょうか? その代表的な例に、1970年代の「オイル・ショック」があります。当時、イスラエルとアラブ諸国の間では「中東戦争」が勃発していました。そのためアラブ産油諸国（OAPEC）は、イスラエルに協力的な諸外国に対して、石油の供給制限と大幅な輸出価格の引き上げを行うという石油戦略を打ち出しました。

当時の日本は、エネルギー資源の大半を中東に依存しており、石油の輸出制限は日本経済にとって大きな打撃となりました。輸入コスト拡大に伴って、日本国内の石油関連製品は大幅な値上げを行い、さらには「オイル・ショックによってトイレットペーパーが作れなくなる」という情報が拡散されたことで、トイレットペーパーをはじめとする一部の生活必需品が市場から姿を消しました。こうした1974年の騒ぎは「狂乱物価」と報じられ、その混乱ぶりを示す象徴となっています。

消費者物価指数が23％も上昇した「狂乱物価」。　写真提供：共同通信社

このように、不景気でありながらも物価が高騰するのがスタグフレーションです。一度スタグフレーションに陥ってしまうと、**賃金は上がらないにもかかわらず、物価上昇によって家計の支出は増え、多くの人々の生活水準が下がる危険性**があります。

スタグフレーションの特徴は、原因が"外部"にあるということです。とりわけ最近では、新型コロナウイルスの感染拡大やウクライナ情勢の悪化、円安による輸入コストの増大など、あらゆる要因が重なり合ってスタグフレーションの特徴が顕在化しつつあると考えられています。

悪いインフレが進行すると、「スタグフレーション」に陥ってしまう危険性があります。

COLUMN

マスク・バブル

日本の経済構造は、モノの生産から販売・消費までの供給体制（サプライ・チェーン）が高度に出来上がっているため、スーパーやコンビニ等で生活用品が不足するような事態はまず見かけることがありません。これが、日本で物価が上がりにくい原因と考えます。

しかし、非常時は例外です。台風や地震といった天災、疫病の蔓延などが発生すると、急激な品不足や物価上昇を招き、人々の生活に大きな影響を与えることがあります。

とりわけ最近では、新型コロナウイルスの流行により、マスクの需要と供給の関係が著しく崩れました。全国的なマスク不足により「需要」は加速度的に増加し、中間業者・販売店はここぞとばかりに利ザヤ（利鞘）の拡大を狙いました。その結果、マスクの価格は高騰し、一箱で4万円を超えたという事例も報告されています。この一連の混乱は「マスク・バブル」と呼ばれており、期間にしてわずか1カ月（2020年4月～5月）の出来事でした。

なお、基本的にマスクは箱売り（袋売り）されていますが、1箱（袋）の内容量は10枚、30枚、50枚…とバラバラで、消費者にとって1枚あたりの単価が分かりにくい表示構造になっています。仮にマスク業界が枚数を標準化（固定）すれば、価格の透明性が増して単価の比較は容易になるのですが、実際にはそううまくいきません。なぜなら単価の比較が容易になると、一番安い価格を意識して、業界全体で低価格競争が始まる恐れがあるからです。そういう意味では、箱（袋）に入っている枚数がバラバラであるということが、マスク・バブルをもたらした要因のひとつとも言えるのではないでしょうか。

アベノミクスと“3本の矢”

1990年代半ばより、多くの先進国が不景気とともにデフレ状態にありました。日本も例外ではなく、これまでに様々なデフレ脱却策が講じられてきました。2012年末に発足した第2次安倍政権が打ち出した一連の経済政策**「アベノミクス」**もそのひとつです。

第一の矢　大胆な金融政策

市場に大量のおカネを供給し、人々の消費・投資の拡大を促すこと。「物価上昇率2%」という目標値(インフレターゲット)を掲げ、企業や国民に染みついたデフレマインドの払拭を試みました。

第二の矢　機動的な財政政策

大規模な予算編成によって、積極的な財政支出を行うこと。東日本大震災(2011年)の復興支援をはじめ、積極的な公共事業を通してインフラの整備を行い、雇用の促進、需要の拡大を狙いました。

第三の矢　民間投資を喚起する成長戦略

規制緩和によって、民間企業の自由な活動を促すこと。法人税の引き下げ、自由貿易の推進など、企業の成長を後押しすることで経済成長の加速を目指しました。

アベノミクスでは、「大胆な金融政策」「機動的な財政政策」「民間投資を喚起する成長戦略」という"3本の矢"を打ち出し、デフレからの脱却と持続的な経済成長を目指しました。

アベノミクスで特に注目されたのは、第一の矢である「大胆な金融政策」でした。日本銀行は2013年に「2年程度で2%の物価上昇率を達成する」という**インフレターゲット**(Inflation Targeting)を導入し、量・質ともに次元の違う金融緩和策を打ち出しました。通称、**「異次元の金融緩和」**と呼ばれるものです。なお、インフレターゲットとは、インフレ率に一定の数値目標を掲げ、緩やかなインフレを誘導する金融政策のことを指しています。

金融緩和の具体的な手法については「第5章」で説明しますが、要は、市場に大量のおカネを供給することで、物価の上昇を図るというものです。そもそもデフレとは、人々がおカネを使わなくなった結果、なかなかモノが売れないという状態です。そこで、まずは世の中に流通するおカネの量を増加させ、おカネの価値を下げることで、人々に貯蓄よりも消費・投資を促そうと考えたのです。

この政策は、先に物価を上昇させ、それによって経済成長を促すという点で"新しい考え"に基づくものでした。なお、2022年4月には、ロシアによるウクライナ侵攻を受けてエネルギーや原材料が高騰し、物価上昇率が2%を上回りました。その後も、連続して2%を上回る上昇率が続いているものの、あくまで日銀は、賃金の上昇を伴う形で2%の物価安定目標を達成することを重視しています。

また、2024年3月には**日経平均株価が史上最高値を更新しました。**この背景には、アメリカの株価上昇や、円安に伴って輸出産業を中心に日本企業の業績が好調であることなどが考えられています。しかし、中小企業や株式を持たない個人にとってはその実感が乏しく、このような状況は景気回復の実態を伴わない**「冷たいバブル」**(Cold Bubble)とも言えるのではないでしょうか。

国民の生活に還元されるような、実態の伴う景気回復が望まれています。

第4章 進化するおカネ——通貨と決済

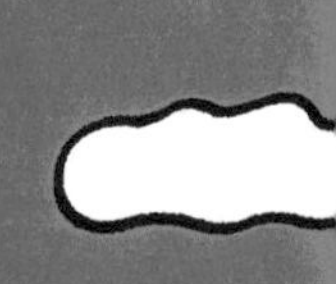

1 ｜貨幣の歴史と発展

はじまりは物々交換だった

この章では、私たちの生活と切っても切り離せない「おカネ」の成り立ちから見ていきたいと思います。

経済学では、一般的におカネを「**貨幣**」と呼んでいます。私たちが生きる現代は、貨幣を支払ってモノを買い、サービスを受ける「**貨幣経済**」です。それ以前、いわゆる古代はモノとモノを直接交換する「**物々交換**」(Barter Trade)の時代でした。

物々交換の仕組み

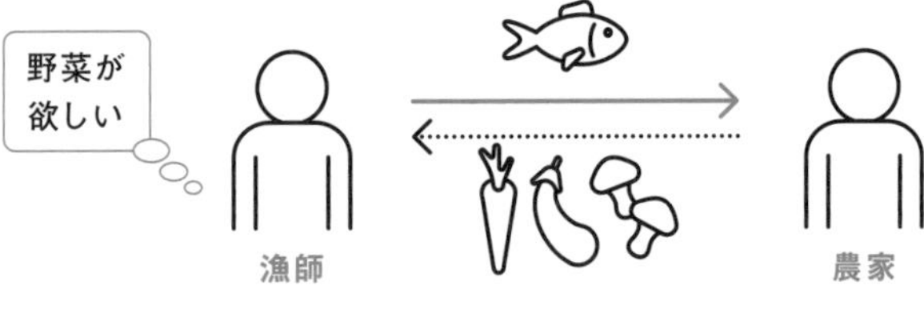

- 交換の成立が困難
- 交換レートが曖昧
- 価値の保存が困難

物々交換とは言っても、採ってきた獲物や育てた作物などを、その時々で都合よく交換することは非常に困難です。たとえば、漁師が捕獲した魚を農家の野菜と交換したいと思っても、そのタイミングで農家が魚を欲しがっているとは限りません。また、季節によって漁獲量や野菜の収穫量は異なるので、魚と野菜の交換レートも非常に曖昧なものとなります。

さらに、都合よく交換相手が見つからなければ、せっかく捕獲した魚を腐らせてしまうかもしれません。このように、物々交換はそれぞれの需要と供給がうまくマッチングしなければ取引が成立しない、不安定な経済制度だったのです。

現代でも、外貨が乏しい国家では外国との「物々交換」を認めているという事例が見られています。

貨幣の3つの機能

こうして見ていくと、物々交換の問題点を補うものとして「貨幣」が誕生したということがわかってきます。ここで、貨幣が持っている3つの機能について整理したいと思います。

①モノを売買するための「交換手段」

物々交換では、都合よく交換相手を見つけるのが困難でした。先ほどの例えを持ち出すと、漁師が野菜を欲しいと思ったタイミングで、農家が魚を欲しがっているとは限らないという問題です。ここで登場するのが貨幣です。交換手段として貨幣を媒介させることで、お互いの需要と供給のタイミングが一致しなくてもスムーズな取引が行えるようになります。

②モノサシのように価値を量る「価値尺度」

物々交換では、それぞれの物品の交換レートが曖昧でした。仮に魚と野菜の取引が成立したとしても、どれくらいの魚とどれくらいの野菜を交換するのが適切なのかがわかりません。そこで、お互いに価値を共通認識するために用いられたのが貨幣です。たとえば「魚は1匹で1,000円、野菜は1kgで1,000円だから、魚1匹と野菜1kgを交換する」というように、価格をつけることでそれぞれの物品の価値を可視化できるようになります。

③貯蓄としての「価値保存」

物々交換では、価値を保存しておくことができる期間に限度がありました。タイミングよく交換相手が現れなければ、せっかくの魚を腐らせてしまう恐れがあるからです。しかし、貨幣であれば価値が急激に下がることはありません。そのため、安心して価値を蓄えておくことができるというわけです。

このような機能をもった貨幣が媒介となることで、効率的な取引が可能になっています。

★38　日本の江戸時代などでは、「米」(コメ)が通貨単位として使われてきましたが、後に「両」をはじめとする金属貨幣に移行していきます。

貨幣の歴史

貨幣の歴史をたどると、紀元前16世紀から8世紀ぐらいまではモノ（石、貝、米、塩など）を貨幣に見立てた**「物品経済」**（Goods Economy[★38]）の時代がありました。貨幣として使用された物品は、大きさや重さが手ごろで携帯・運搬が容易であること、そして価値が変動しにくく長期間の保存が可能であることから、取引の手段として十分に機能することができました。

なかでも、貝（貝貨（かいか））はアジアを中心に広く使用されていました。おカネに関する漢字の部首に、"貝"の字が使用されているのもそのためです。なお、貨幣として用いられる貝は何でも良かったわけではなく、巻貝の「子安貝（宝貝[★39]）」が一般的でした。子安貝が用いられたのは、その美しさゆえに装飾品としての価値があることや、特徴的な形で誰もが一見して子安貝だと認識できたからだと考えられています。

紀元前7世紀には、アナトリア半島リディア王国[★40]で作られた最古の金属貨幣「エレクトロン貨」（Electrum）が登場しました。エレクトロンとはギリシャ語で「琥珀」を意味します。エレクトロン貨は金銀合金で、その淡黄色が琥珀を連想させるものであることからこの名が付けられました。エレクトロン貨の登場以降、金属貨幣は広く世界に普及され、三種の鉱物「金・銀・銅」による貨幣鋳造システムは現在にいたるまで続いています。

また、世界で最初の本格的な紙幣は、10世紀に中国（北宋）で使用されていた「交子」だと言われています。鉱物からつくられる貨

★39　安産のお守りとされていることから「子安貝」と言われています。

★40　現在のトルコにあたります。

幣は生産量や流通量に限りがありましたが、当時すでに製紙と大量印刷の技術が確立されていた中国では、紙幣を制限なく発行することが可能でした。なお、"制限なく発行できる"という性質が、後に問題となるインフレやバブルの根源的な原因となっていきます。

現在では、ペーパーレス（電子）化・デジタル化の進捗に伴い、おカネのカタチはさらに多様化しています。

「信用貨幣」って？

ところで、なぜ私たちは貨幣に価値があると考えているのでしょうか？実際、紙幣の素材は"紙"であり、それ自体に価値はありません。しかし、**国がその価値を「保証」し、人々がそれを「信用」することで、そこに貨幣としての価値が生まれます。**このように、人々の信用を前提に流通している貨幣のことを**「信用貨幣」**と呼んでいます。

なお、価値という概念は難しいのですが、突き詰めて考えれば**「希少性」**ということになります。人類は古代より、希少性の高い「金」（Gold）に共通価値を見出し、金をはじめとする貴金属は実際の貨幣としても使用されてきました。

しかし、大量の金を常に持ち運ぶのは困難で、盗難などの危険も伴います。そこで、人々は「金との引換券」（約束手形）を発行し、それを"金の代用"として取引するようになりました。これが、後の紙幣となっていきます。この紙幣は、「いつでも金と兌換（だかん）（交換）できる」という意味で**「兌換紙幣」**と呼ばれ、金と同等の価値を持っていました。

このように、いつでも金と紙幣の交換が保証されている仕組みを「**金本位制**」といい、19世紀から20世紀初めにかけて世界各国で取り入れられていきました。

しかし、この金本位制の下では、各国は**金の保有分だけしか紙幣を発行できない**ということになります。つまり、"金の保有"という前提がなければ、世の中におカネを供給できず、経済成長が制限されてしまうのです。そのため、1929年の世界恐慌以降、多くの国が金本位制を廃し、金の保有量ではなく、自国の経済力に見合った分の貨幣を発行するという「**管理通貨制度**」へと移行していきました。

この管理通貨制度では、**貨幣を発行する主体である国の信用によって、貨幣価値が決まります。**そのため、経済が安定している国の貨幣価値は高くなる一方で、紛争や財政破綻などを引き起こし、情勢が不安定な国の貨幣価値は下がります。現在では、ほとんどの国がこの管理通貨制度を採用しており、日本では日本銀行（中央銀行）が主体となって市場に出回るおカネの量を管理しています。

通貨の国際的な信用を高めるためにも、安定した国家運営が求められています。

COLUMN

世界どこでも通貨は「銀」だった

2007年に「石見(いわみ)銀山」が世界遺産に登録されました。日本人の感覚だと、どうしても金→銀という序列を意識してしまうので、どうして「佐渡金山」ではないのか、と思った方も多いのではないでしょうか？ しかし、これは通貨の歴史を紐解いていくと当然のことなのです。

そもそも金（Gold）と銀（Silver）は貴重な鉱物として知られており、金貨・銀貨はどこの国でも使用されていました。しかし金の産地は少なく、産出量から考えても世界的な通貨として十分ではなかったため、日常的に使われる通貨は比較的産出量の多い銀であったと言われています[*41]。

近世において、銀の世界的な大産地は、南ドイツ（アウクスブルク近郊）、メキシコ、そして石見銀山でした。世界の博物館に展示してある当時の「古地図」（日本では戦国時代から江戸時代あたりのもの）を見ると、そのほとんどに"Iwami"の名前が記されています。実際、中国は銀の産出量が少なく、石見銀山の銀が一時期のアジアの通貨を支えていたとも言われているのです（後に、メキシコ銀の産出が増えて銀が持ち込まれたこともありました）。こうした歴史的背景をみても、日本の石見銀山は通貨や金融の発展に貢献した場として

★41　ざっくり言えば、銀の総量は140万トン、金の総量は23万トン程度と言われています。

世界的に有名な存在であることがわかります。

ちなみに、銀が世界的な通貨として使用されていた名残は様々なところで見受けられます。たとえば、銀行の"銀"の字は、当時の貨幣が銀貨をメインにして使用されていたことがベースとなっています。また、ドルの通貨記号「$」のSはシルバー(Silver)のSと言われています。ドル(ダラー)という呼称にしても、ボヘミア(現在のチェコ)にある銀の産地「ヨアヒムス・ターレル」(ヤコブの谷)の「ターレル」に由来があるとも言われています。

「現金通貨」と「預金通貨」

「貨幣」のなかでも、法的通用性がある貨幣を「通貨」といいます。一般的に、国内で使用されるおカネに関しては法律で規定されており、日本では「通貨の単位及び貨幣の発行等に関する法律」(貨幣法)がそれにあたります。この貨幣法で、日本の通貨は「円(えん)」であると定められています。ちなみに、円は英語で"YEN"になります。これは、一説には、ラテン語がベースにある言語圏では"EN"を「アン」や「イン」と発音してしまう可能性があったためだと言われています。

また、通貨には**「現金通貨」**と**「預金通貨」**があります。現金通貨とは、いわゆる現金のことで、紙幣(Bill)と硬貨(Coin)のことを指します。日本の場合、日本銀行(日銀)が発行する「日本銀行券」(紙幣)と、政府が発行する補助貨幣としての「硬貨」がそれにあたります。

一方で預金通貨とは、預金通帳に記載されている残高など、現金以外の通貨のことです。たとえばクレジットカードで支払うとき、実際に現金は手元になくとも、情報やデータを処理することによって取引をすることが可能です。次のグラフは、世の中に流通している通貨の割合を示していますが、現金通貨と比べてみても圧倒的に預金通貨の方が多いことがわかります。

「貨幣」は“Money”、「通貨」は“Currency”です。

おカネの内訳

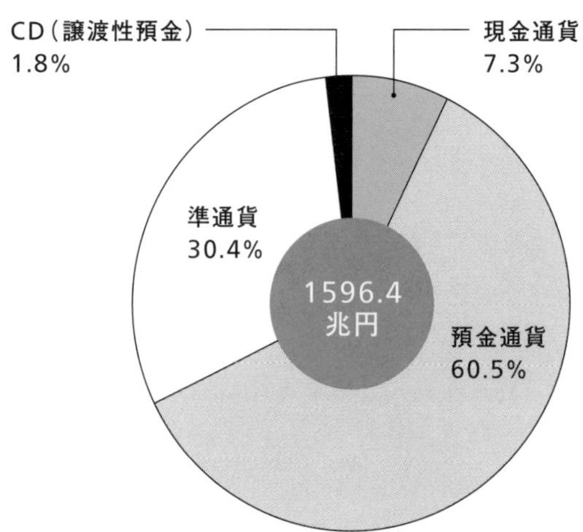

「日本銀行資料」（2023年12月）より作成

COLUMN

両と圓

近世の東アジアの通貨単位には、「両(りょう)」と「圓(えん)」があります。「両」は重さの単位であり、通貨で用いられる場合には重量で測る「金属貨幣」のことをいいます。一方で、「圓」の字の“口”の部分（くにがまえ）は四角い紙を表し、その中にある“員”は人を表します。要は、紙の中に人がいる様子を示しており、いわば「信用紙幣」であることを意味しています。

この両から圓への通貨の変更が、「金属・貨幣」から「信用・紙幣」という東アジアにおける通貨の発展を示しています。なお、ここでの“東アジア”とは、中国・日本・朝鮮が該当します。特に中国の元（YUAN）と日本の円（YEN）は、現在も通貨記号が同じ「¥」です。また、朝鮮（韓国）は、15世紀からハングルの使用が始まり、漢字を用いる文化はほとんどなくなりつつありますが、新聞などでは現在も“圓”の字を使用しています。

2 多様化する新・決済システム

決済の基本は「交換」にアリ!

通常、販売（Sale）という行為には、交換する対価が求められます。一般的には、おカネを対価として受け渡すことで取引が成立します。たとえば、コンビニでパンを購入するとき、顧客は店員におカネを渡す（支払う）ことでパンを受け取り、店員はパンを渡すことでおカネを受け取ります。このように、特定の商品と、その対価であるおカネを交換して取引を完了させることを**「決済」**（Settlement）といいます。

決済の仕組み

決済の基本は「交換」にあります。かつては物々交換の時代もありましたが、おカネが誕生して「貨幣経済」となって以降、基本的には商品とおカネの交換（受け渡し）をもって決済が完了すると考えられ

ています。このように決済とは、商取引の最終段階（“済”を“決”める）を意味しているのです。

なお、贈与（Gift）という行為もありますが、これは「対価のない販売行為」を指しています。厳密に言うと、贈与の場合は、「愛情」や「期待」などの精神的なモノが対価の役割を果たしているとも考えられます。

> 「決済」は社会を支えるインフラであり、経済成長には欠かせない概念です。

キャッシュレスを支える資金決済法

決済手段の中心は何と言っても「現金」です。しかし最近では、IT技術の進歩に伴い、また政策として推進されたこともあり、キャッシュレス決済が著しく普及しています。**「キャッシュレス」**（Cashless）とは、その名の通り現金を使用しない支払い手段のことで、クレジットカード、デビットカード、電子マネーなど多岐にわたります。

キャッシュレス決済は、モノとおカネの交換（受け渡し）のタイミングによって、以下の3つに分類することができます。なお、この分類は2015年に制定された「資金決済法」（2022年に改正）によって整備されました。[★42]

★42　筆者は「資金決済法」制定準備の委員会に招聘されました。

①前払式支払手段（プリペイド：Pre-Paid）

モノの受け渡しよりも「前」におカネの支払いが行われる支払手段のことを指します。具体的な支払手段としては、「電子マネー」(Electronic Money) がこれにあたります。先におカネをチャージ（入金）しておいて、必要に応じてそこから支払いが行われます。身近なものとしては、交通系のPASMO（パスモ）やSuica（スイカ）などが挙げられます。

②即時式支払手段（リアルタイムペイ：Real Time-Pay）

モノの受け渡しと「同時」(即時) におカネの支払いが行われる支払手段のことを指します。具体的な支払手段としては、「デビットカード」(Debit Card) がこれにあたります。使用したタイミングで即座に預金口座からおカネを引き落とすことで支払いが完了します。金融機関にもよりますが、独自にデビットカードを発行することもあり、預金口座のキャッシュカードをそのままデビットカードとして使うことも可能です。

③後払式支払手段（ポストペイ：Post-Pay）

モノの受け渡しの「後」におカネの支払いが行われる支払手段を指します。具体的な支払手段としては、「クレジットカード」(Credit Card) がこれにあたります。使用した分だけ、期日にまとめて預金口座からおカネを引き落すことで支払いが完了します。各申込者の信用に応じて、使用枠が設定されています。

このような決済のデジタル化は、金融機関のコスト削減のみならず、不透明だったおカネの動きを把握することにもつながります。また、おカネの流通速度を速めることにもなるため、経済成長を促す要素としても期待されています。

なお、日本政府は、2025年までにキャッシュレス決済率を「4割程度」にするという目標を掲げており[★43]、2022年時点では、クレジットカードが約30%、コード決済が約3%、電子マネーが約2%、デビットカードが1%となっています。キャッシュレスは決済手段のひとつとして普及しつつありますが、日本全体で見ればまだまだ現金決済が主流であり、他の先進諸国と比較しても遅れをとっているというのが現状です。

今後さらにキャッシュレス化が普及していけば、私たちの決済手段もさらに変わっていくかもしれません。

★43　経済産業省「キャッシュレス・ビジョン」(2018年4月策定)参照。

COLUMN

急拡大するポイントサービス

最近、私たちの経済活動全体を通して急速に広がっているのが「ポイントサービス」(プログラム)です。ポイントサービスとは、購入した商品価格の数パーセント分がポイントで還元される仕組みのことで、ポイントを貯めればその分の商品やサービスを得ることができます。

現在では、複数の企業が参加する4大共通ポイント(楽天ポイント・Pontaポイント・dポイント・Tポイント[★44])のほかに、航空会社のマイレージプログラムや小売店や飲食店のスタンプカード、クレジットカードのポイントシステムなどがあり、多くの業種・業態で導入されています。

そもそもポイントの考え方の基本は「おまけ[★45]」です。当初は該当のお店のみで付与され、使用できるものでした。しかし、ポイントサービスの市場規模が大きくなるほど顧客満足度も上昇し、今では急速に合併・拡大を続けています。最近の市場調査[★46]によると、2021年度のポイントサービス市場規模は約2兆1千億円とのことです。特に、「楽天ポイント」など企業グループや業界を超えて利用できるサービスは、もはやひとつの経済圏を築いていると言っても過言では

★44 Tポイントはカルチュア・コンビニエンス・クラブが導入したポイントです。現在は、SMBCグループ共通のポイントの「Vポイント」と合併し、名前はVポイントを継承しています。(VはVisaから)

ないでしょう。

また、ポイントには、頻繁にサービスを利用した顧客に対して企業が提供するインセンティブ（Incentive）という性質があり、顧客満足度や顧客囲い込みの向上を目的にしたマーケティングの手法としても用いられています。しかし最近では、「ポイント値引き」などが当たり前のサービスとして常態化し、顧客ロイヤルティーの醸成に至らないケースも散見されています。そのため、より特別な価値の提供やブランド接点の構築、パーソナライズといったさらなる差別化が求められています。

「全銀システム」って？

決済の手段は、現金の取引以外にも、振込（送金）や証券を用いた決済、キャッシュレス決済など多岐にわたります。なお、これらの決済を円滑に行うために作られた仕組みを**「決済システム」**（Settlement System）と呼びます。そして、日本における決済システムで最も使われているものが**「全国銀行データ通信システム」（全銀システム）**です。

たとえば、一般的に企業間の取引や、企業と個人の間の取引には振込が用いられます。このとき、同じ銀行に開設された2つの口座間で取引を行う場合は、銀行が、おカネを支払う側の口座残高を減少させ、おカネを受け取る側の口座の残高を増加させることで決

★45 漢字では「御負け」となります。売り手が買い手との駆け引き（交渉）に負けて、サービスをするということから。

★46 矢野経済研究所「2022年版 ポイントサービス・ポイントカード市場の動向と展望」。

済を完了します。

その一方で、それぞれが異なる銀行に口座を保有しており、銀行を超えておカネを振込する場合は、銀行間に設けられている決済システムを使用する必要があります。

全銀システムとは、このような取引をオンライン上で処理するシステムであり、全国ほぼすべての金融機関が同時接続されています。各金融機関で受けた振込依頼は、全銀システムを通じて即時に振込先口座まで送金（振込）されており、これは世界にも類を見ないトップレベルの決済システムであると言えます。

具体例を交えながら見ていきましょう。なお、後ほど詳しく触れますが、日本の中央銀行である「日本銀行」は"銀行の銀行"と言われており、各民間銀行は日本銀行に「当座預金」（日銀当預）と呼ばれる口座を保有しています。

たとえば、AさんがX銀行に、BさんがY銀行に口座を持っていたとします。AさんからBさんへの振込依頼があれば、X銀行はAさんの預金口座からおカネを引き落とし、反対にY銀行はBさんの預金口座に入金することで決済が行われます。

上記のような取引は、X銀行からY銀行へ振込依頼として全銀システムに入力されます。そして、その依頼内容に基づいて、X・Yの各銀行が日本銀行に保有している「日銀当預」の口座間で最終的に決済されます。

個人間のおカネのやりとりが、銀行から全銀システム、そして日本銀行へと持ち込まれるように、日本の決済システムは日本銀行を頂点とするピラミッド（ヒエラルキー）構造となっており、日本銀行による最終的な決済は、それ以上の決済が生じないという点で**「ファイナリティ」（支払完了性）のある決済**と言われています。

日本銀行がファイナリティを実現できているのは、日本銀行に対する信用度が高く、破綻する（支払不能に陥る）恐れがないと考えられているからです。（仮に日本銀行が破綻するようなことがあれば、国内のあらゆる取引に滞りが生じます。）

世界の中央銀行は、そのどれもがファイナリティのある決済を提供

全銀システムの仕組み

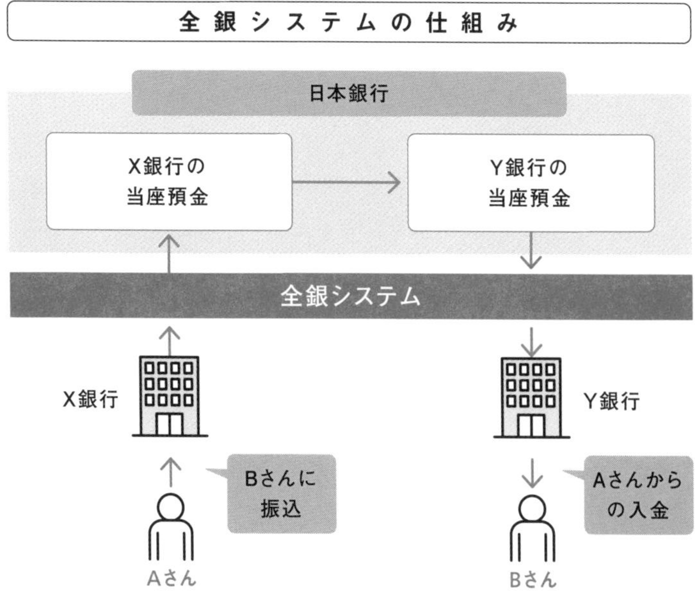

しています。これは金融体制の大事な礎（いしずえ）であり、その役割がなければ、それぞれの国家は安心して金融取引を行うことができません。

なお、現金取引は、その物理的な受渡しの時点で商取引が終了しているので、ファイナリティのある決済と言われます。犯罪などの特別な事情でもない限り、勝手に決済が取り消しされることはありません。

日本銀行が行うファイナリティのある決済が、金融機関にとって最後の拠り所になっています。

決済は連鎖する

全銀システムには、ホストコンピューターが設置された「全銀センター」と、各金融機関が全銀センターに接続するための「中継コンピューター」(RC：Relay Computer)があり、1973年に稼働してから、これまで目立ったシステム障害はありませんでした。

しかし、2023年10月10日、全銀システムと各金融機関をつなぐ中継コンピューター(RC)に不具合が生じ、送金障害などのシステムトラブルを引き起こしました。具体的には、RCのOS (Operating System) 更改時に10の金融機関[★47]がシステムダウンし、為替業務が全面的にできなくなるといったものでした。

なお、決済には"連鎖"するリスクがあります。システム障害によっ

★47　その10行に共通しているのは、ホストコンピューターが同じ会社のものであることも報道されていました。

ておカネの送金ができなければ、その入金を当てにしていた支払いまでが滞ってしまいます。

このように、特定の箇所で生じたトラブルがドミノ倒しのように連鎖し、システム全体を機能不全に陥れてしまうことを**「システミック・リスク」**(Systemic Risk)といいます。

実際、全国の金融機関では、他行宛ての振込に遅れが出るなどのトラブルが発生し、一部の自治体では手当が届かないなどの影響もあったと報じられています。社会の基盤を支えるインフラは様々ですが、このような決済システムも生活に欠かせない重要なインフラ(決済インフラ)であると言えるでしょう。

現行システムは、2019年11月に稼働した「第7次全銀システム」です。概ね8年ごとにシステム更改を行っており、「第8次全銀システム」は2027年のリリースとなります。

これからの通貨制度

世界の国々は、その形態は様々であれ、基本的に自国独自の通貨を保有しています。しかし、それぞれの社会情勢や国内政策に応じて、他国の通貨を優先して使用することがあります。大抵の場合は、基軸通貨である米ドルが使用されますが、それを**「ドル化」**(Dollarization)といいます。

最近では、2023年10月に実施されたアルゼンチン大統領選において、新しく就任したミレイ大統領が掲げていた公約のひとつがドル化でした。信用の低い自国通貨「ペソ」の代わりに、信用力の高い米ドルを用いておカネの価値を保ち、ハイパーインフレの抑制を目指しています。

また、中央アメリカに位置するエルサルバドルでは、当初「サルバドール・コロン」という自国通貨がありましたが、実質的に国内で流通していたのは米ドルでした。しかし、アメリカとの関係が悪化したエルサルバドルは米ドルの流通を禁止し、なんと「ビットコイン」(仮想通貨)を通貨として定めました。しかしその後、ビットコインは乱高下を繰り返し、エルサルバドルは通貨危機に陥っています。まさに、本末転倒ともいえる事態です。

一方、通貨の分野でもデジタル化が進んでおり、電子マネーのような「中央銀行デジタル通貨」(CBDC:Central Bank Digital Currency)の導入を積極的に進める国もあります。そのひとつがスウェーデンですが、現在まで正式な導入は決まっていません。

デジタル通貨を導入すれば、利便性が向上したり、現金の発行等にかかるコストを削減することが可能です。また、各取引内容を可視化することができるため、脱税やマネーロンダリングなどの犯罪防止にもつながります。

しかし、「いつ・誰が・どこで・何におカネを使ったか」などの個人情報を中央銀行が一元管理することへの懸念もあります。とりわけ日本では、第二次世界大戦の反省から個人情報の管理に対しては慎重な姿勢をとっており、筆者は導入の可能性はまずないと考えています。とはいえ、デジタル分野における先進性を示すためにも、最新分野である「デジタル通貨」の研究は日本銀行を中心に続けられています。

デジタル通貨の導入は、官業（中央銀行）による民業（民間銀行）が提供する決済サービスの圧迫につながる危険性もあります。

第5章 金融のカタチ

——銀行と金融政策

1 預金と貸出

「金融」って？

「金融」とは、おカネを融通することを意味しています。端的に言えば、経済活動を行う上で必要な資金を、おカネに“余裕のあるところ”から“必要としているところ／不足しているところ”へ回すようなイメージです。

たとえば、個人が家を購入しようとするときには銀行が「住宅ローン」を組んでくれますし、企業が新しい事業を始めるときには銀行が不足した資金を融資してくれます。

このように、銀行をはじめとした様々な金融機関が、おカネを必要とする個人・企業に融通をつける一連の行為を「金融」と呼んでいます。ただし、もちろん「なんでもOK」というわけではなく、融資には一定の条件（信用）を満たす必要があります。

銀行は顧客から預かったおカネ（預金）を元にして、融資先である個人や企業におカネを貸し出しています。このような業務の性質上、銀行には一般の企業以上に安全な経営が求められており、商法・会社法よりも厳格な「銀行法」で規定されています。

なお、コロナ禍で弱っている日本経済を立て直すために、2021年には銀行法が改正されました。主に「業務範囲規制」と「出資規制」が見直され、その内容は大幅に緩和されています。これにより、銀行から企業への出資拡大などが可能となり、特に地域の金融機関

★48　現在でも、「内田洋行」のように社名に“行”が入っている企業もあります。

には、地域経済の中核としての役割が期待されています。

銀行のように、おカネの貸し手と借り手の間に入って、仲介の役割を担うことを「間接金融」ともいいます。

金融の代表的存在

世の中には多様な金融機関がありますが、その代表的な存在はやはり「銀行」(Bank)です。銀行と聞くと古臭い言葉のように感じるかもしれませんが、これは、銀行が誕生したときに「銀貨」がメインで使用されていたという背景があるからです。また、「行」という字は「企業」をあらわしています。[★48]

ちなみに、現代のような銀行のカタチをつくったのは中世のイタリアでした。"Bank"という単語も、元々はイタリア語で長机を意味する"Banco"に由来しており、12世紀に北イタリアの両替商が長机で仕事をしていたからだ、と言われています。

一般に銀行とは言っても、その形態は様々です。全国に展開するメガバンクや地方密着型の銀行、その他にも非営利法人の信用金庫や信用組合、海外で展開する外資系銀行、さらに最近ではインターネット銀行なども普及しています。

なお、メガバンクは以前の都市銀行である「3メガ」(三菱UFJ・三井住友・みずほ)が有名ですが、りそな銀行と埼玉りそな銀行を加えて「5メガ」と言うこともあります。[★49]

★49 りそな銀行関係では、グループで考えるときに、必ず「りそな銀行」と「埼玉りそな銀行」をセットで対応します。そのため「3メガ」の次は「5メガ」で、「4メガ」という言い方はありません。

また、私たちが直接の取引をすることはありませんが、国家や地域の金融システムの中核を担う中央銀行(日本の場合は日本銀行)もあります。後に触れますが、中央銀行は民間の銀行と異なり、物価や景気を安定させるという重要な役割を担っているのが特徴です。

「中央銀行」に対して、民間の銀行のことをまとめて「市中銀行」と呼ぶこともあります。

銀行の形態にはこんなものがある

名称	地域	対象顧客・特徴
メガバンク	大都市	大規模企業、海外、以前の都市銀行
地方銀行	地方都市	地元の中小企業
第2地方銀行	地方都市	地元の中小企業(密着)、以前の相互銀行
信用金庫	地域	会員出資、地域経済発展の非営利法人
信用組合	地域	組合員出資、さらに地元密着の非営利法人
外資系銀行	日本国内外	預金保険制度(ペイオフ)保護の対象外
その他銀行	インターネット銀行、流通系銀行、以前の長期信用銀行、ゆうちょ銀行	

銀行は何をするところ?

それでは、ここで銀行の役割について整理してみましょう。銀行の基本業務は、大きく2つに分類することができます。ひとつは「預金・貸出」業務、そしてもうひとつは「為替（かわせ）」(決済)業務です。

①「預金・貸出」業務

銀行は、顧客からおカネを「預金」(Deposit)として預かり、そのおカネを元手にして「貸出」(Loan)を行う、というサイクルを繰り返しています。先ほど、金融とはおカネの融通をつけることであると述べましたが、このように銀行を中心とする金融機関が貸し手と借り手の間を仲介することによって、必要なところにおカネが回っているのです。

②「為替」(決済)業務

為替とは、手形・小切手・振込など、"現金以外"で行われる決済手段のことです。たとえば、給料の振込や家賃の引き落としなど、個人や企業との間におけるおカネのやりとりを銀行が仲介しています。銀行の為替業務によって、遠方との取引であっても直接現金のやりとりをすることなく、瞬時に決済を完了することができます。

銀行は、経済循環における心臓の役割を担っています。

「預金」の仕組み

では、それぞれの銀行業務について詳しく見ていきましょう。まず、銀行業務における**「預金」**とは、銀行が預金者の口座（Account）を作り、おカネを預かることです。また、預金者は銀行におカネを預けることで、その金額に応じた「利息」を銀行から受け取ることができます。

一般に銀行は、預金者から預かった（借りた）おカネを元手にして個人や企業におカネを貸し出し、その利息を受け取ることで収益を得ています。そのため、預金者が銀行におカネを預けるということは、銀行に対しておカネを貸し出している状態を意味しているのです。

銀行の「預金・貸出」業務

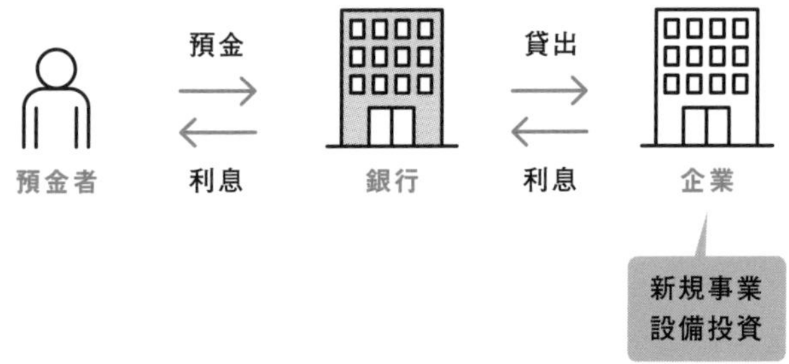

ちなみに、預金者が銀行におカネを預けた際の入金伝票は「赤色」、預金者が銀行からおカネを引き出した際の出金伝票は「青色」です。これは、銀行にとって預金者からの入金は負債（赤字）となり、出金は負債の減少となることを表しています。なお、「ゆうちょ銀行」はかつての郵政省の名残からか、入金伝票は「青色」、出金伝票は「赤色」と逆になっています。

一般的な傾向として、日本人は銀行におカネを預けることは安全であると考える人が多いようですが、それは誤解です。銀行も「株式会社」の形態を冠する企業のひとつであり、様々な安全策がとられているとはいえ、倒産のリスクはゼロではありません。

実際、ここ最近ではアメリカ国内の銀行破綻が続いています。2023年5月には、経営不振に陥っていた中堅銀行「ファースト・リパブリックバンク」が破綻し、米連邦預金保険公社の管理下に置かれました。これは、同年3月に破綻した「シリコンバレーバンク」、「シグネチャーバンク」に次ぐ3行目の破綻となり、資産規模で見るとリーマン・ショック以降最大のものとなりました。

相次ぐアメリカの銀行破綻は決して対岸の火事ではありません。現在、日本の銀行は安定的な経営を行っているように見えますが、あくまで**「預金」は銀行への貸出である**と認識しておくことが大切です。

「預金」こそが、銀行の資金源となっています。

銀行が倒産するとどうなる?

一般的に**「銀行破綻」**は、融資先企業の経営が悪化し、銀行に貸出金が返済されないことによる**焦げ付き(損金)**が原因となって発生します。該当エリアの焦げ付き比率が高まれば、その地域の景気が落ち込んでいることを意味しています。このような状態が深刻化し、銀行が預金者の返金要求に対応できないなどの事態に陥れば、それこそ銀行の**「信用問題」**となります。

また、実際には預金者への払い出しに影響がなくても、たとえば銀行に対する疑惑・不信感が高まれば、預金者が預金の払い戻しを求めて銀行支店（窓口）に殺到する**「取付騒ぎ」**（Bank Run）へと発展する危険性もあります。

現に1973年には、日本でも「豊川信用金庫事件」と呼ばれる取付騒ぎが起こっています。当時の女子高生が電車内で交わしていた冗談から、「豊川信用金庫は危ない」という誤った内容の情報が拡散され、パニック状態に陥った人々が豊川信用金庫に殺到し、取付騒ぎを引き起こしたという事件です。現在でも、非常時にデマ情報が拡散されるなどの事例が多数見られますが、情報の扱いには十分に注意が必要です。

ちなみに、実際に銀行が倒産した場合、私たちの大切な「預金」はどうなるのでしょうか？ 預金保護（預金保険制度）については、各国で制度が異なりますが、日本では以下のように3つに分類して処理されています。[*50]

①決済用預金

当座預金や利息の付かない普通預金などは全額保護されます。

②一般預金

利息の付く普通預金や定期預金などは、金融機関ごとに1人あたり「元本1000万円まで」と「利息」が保護されます。

---

*50　米銀の預金保護システムでは、1口座あたり25万ドルまでとなっています。

③対象外預金

外貨預金・金融債などは保護の対象外です。預金保険制度の対象外預金については、破綻した金融機関の財産（資産）状況に応じて支払われることとなるため、当然ですが一部カットされる場合があります。

とくにSNSが普及した現代では、フェイクニュースなどが頻繁に流出しています。

COLUMN

暗証番号とその安全性

銀行預金の暗証番号（PIN：Personal Identification Number）は、どの国でも4桁に定められています。これは、イギリスの名門銀行バークレイズ（Barclays）が、1967年に世界で初めて導入した「現金自動支払い機」（CD：Cash Dispenser）の暗証番号が4桁であった名残からです。なお、CDの開発に携わった人物が自身の妻で試したところ、4桁を超える数字の羅列は記憶に定着しにくいと判断したそうです。

暗証番号は、数字の羅列が長ければ安全性が高まりますが、その分利便性は下がります。4桁であれば1万分の1の確率で適合しますが、銀行のキャッシュカード等では数回間違えるとCDのシステムがロックされるように仕組まれています。また、これは銀行によって異なりますが、基本的に「0000」や「1234」といった分かりやすい羅列や、誕生日などは使用することができません。

このように、銀行の事務システムでは、**「安全性・利便性・効率性」**という3つの視点が重視されています。そして、これらの視点に基づいて厳格なルールを定めることで、暗証番号の安全性は実用的なレベルに達していると考えられているのです。

「貸出」の仕組み

「貸出」とは、銀行が個人や企業におカネを貸し出すことです。もちろんですが、おカネを借りる側は定められた利子をつけて返済しなければなりません。そのため、銀行が貸出を行う際には、借り手がきちんとした返済能力を持っているかを審査する必要があります。審査の内容や基準は銀行によって異なりますが、個人では一般的に年収や勤務先、勤続年数などから総合的に判断されます。なお、金額が大きいほど、あるいは期間が長いほど銀行が抱えるリスクは高くなります。

社会が発展するためには、適切な融資を促すことは重要です。融資を受けた個人や企業が事業をはじめたり、投資を拡大させたりすることで経済が成長するからです。そのため、銀行をはじめとする金融機関には積極的な融資が期待されています。

しかし、現在の日本経済は「老齢期」に入ってきており、おカネを借りて事業を拡大するような若い企業は少なくなってきています。預金のうちで貸出に回る比率を**「預貸率」**(Loan-Deposit Ratio)といいますが、地方銀行の預貸率で7割程度、メガバンクだとなんと3割を切っています。そのため、銀行に預けられたおカネが“余る”ようになり、国債の購入(政府への貸出)等で運用する金額が増えてきているのが現状です。

「貸す」という行為には、相手に対する信用の評価が重要です。

金利の上限って?

銀行融資には、銀行側のリスクもありますが、一方でおカネを借りる側のリスクもあります。計画的な運用ができなければ、個人や企業の「信用」を低下させてしまいます。

また、融資制度によっては自己資金や担保、保証人が必要となるため、返済が滞ってしまうと今後の生活に大きな支障をもたらす可能性があります。場合によっては、自己破産や人間関係の悪化を招くかもしれません。融資を受ける際は、しっかりとした事業計画や管理体制を整えることが大切です。

なお、2010年には**「利息制限法」**が施行され、いわゆる金利の上限が定められています。この上限金利を超えて金利が設定されている場合、テレビCMでよく流れているような「過払い金請求」の対象となります。

【利息制限法で規定された金利の上限】

- 10万円未満：年20.0％
- 10万円以上100万円未満：年18.0％
- 100万円以上：年15.0％

この法律の制定によって、いわゆる「闇金」が厳しく取り締まられるようになりました。闇金とは、上限金利を超える金利で金銭貸付を行う違法な金融業者のことです。闇金業者のなかには、そもそも免許すら取得していない業者も存在しています。

闇金をテーマにした漫画に『闇金ウシジマくん』[★51]がありますが、この作品に登場する主人公・丑嶋馨(うしじまかおる)も「利息制限法」の対象です。丑嶋が経営する金融会社「カウカウファイナンス」が適用する金利は「十五(とご)」と呼ばれ、「10日で5割」というまさに法外なものでした。それでも、通常の消費者金融（サラ金）では借り入れができない人による利用が後を絶ちません。しかし、もちろん返済ができるわけはなく、違法で暴力的な取り立てが始まります。

ちなみに、闇金で高利のおカネを借り入れるということは、個人破産・企業倒産の第一歩と言われています。というのも、たとえば『闇金ウシジマくん』のように10日で5割という金利を、通常の経済行為で支払うことは困難だからです。個人はもちろん企業でも、利益率は

★51　著者・真鍋昌平、『ビッグコミックスピリッツ』（小学館）にて連載。暴利の金貸し業を通じて、社会の闇を描いた作品。2010年にはＴＶドラマにもなり、その後4本にわたって映画化されました。

それほど高くはありません。闇金での借り入れは、まさに「終わりの始まり」と言えるでしょう。

「闇金」でなくとも、おカネを借り入れる際は十分な注意が必要です。

自己破産とブラックリスト

闇金に限らず、借り入れた借金を返済できなかった場合には「**自己破産**」(Personal Bankruptcy)という制度を利用することができます。裁判所に支払不能であることを認めてもらい、できる限りの財産を処分してもなお上回る借金を帳消し(免責)にする制度です。原則として、ギャンブルや風俗などの享楽が原因で借金が膨らんだ場合、自己破産の許可はされません(免責不許可事由)。また、自己破産を許可された場合であっても、税金や国民健康保険料などの債務は帳消しされません(非免責債権)。

なお、自己破産すると、資産を差し押さえられ生活の一部が制限されるなどのデメリットがあります。まず持ち家や車などの個人資産が回収され、住所・氏名が「官報」に掲載されます。さらに**ブラックリスト**に載るので、クレジットカードの利用や新規の作成ができなくなります。他にも、手続き中は一部の職業が制限されたり、引越しや旅行にも制限がかかります。郵便物は破産管財人に管理されます。

また、自己破産をはじめとして、口座振替不能など金融関係で事故を起こしても、約5年程度はブラックリストに名前が残ります。ブラックリストに載ると、その期間は個人の信用情報に"傷"が付いた状態となり、自己破産ほどではないものの、借り入れやクレジットカード等の金融（信用）取引ができなくなります。

個人の信用情報を記録・管理している「信用情報機関」(Credit Bureau)は、日本に3つ存在しています。それぞれ銀行や消費者金融会社、カード会社、信販会社などが加盟しており、加盟社同士は情報を共有しています。

信用情報機関の例

通称・名称	日本語名	加盟機関
CIC｜Credit Information Center		
	信用情報センター	信販会社／クレジットカード会社
JICC｜Japan Credit Information Reference Center Corp		
	日本信用情報機構	消費者金融／クレジットカード会社
KSC｜Kojin Sinyo-joho Center		
	全国銀行個人信用情報センター	全国の銀行

個人の信用情報に"傷"が付いた状態は、一般の方が思っている以上に不便なものとなります。

★52　消費者金融の看板で「金利0円」というのをよく見かけますが、これは誤りです。金利は「〜%」や「〜割〜分」と割合（利率）でなければなりません。

COLUMN

金利、利子、利息の違い

金利、利子、利息とは、おカネの貸借時に使われる用語ですが、その違いをご存じでしょうか?

まず「**金利**」(Interest Rate)[★52]とは、借金をした側が、借金に追加して支払う金額の“割合”のことをいいます。また、「**法定金利**」(Statutory Interest Rate)という用語がありますが、これは契約ではなく法律で定められている金利です。当事者間で金利(約定金利)を定めていなかった場合[★53]などに使われます。現在(2024年)は「3%」ですが、3年ごとに見直されています。

次に「**利子**」(Interest)とは、“借金をした側”が、貸した側に対して元本に追加して支払うおカネのことをいいます。そして「**利息**」(Interest)[★54]とは、“おカネを貸した側”が、元本に追加して受け取るおカネのことをいいます。たまに、利子と利息を間違えて使っている方もいるので、注意が必要です。

★53　たとえば、友人間での貸借などは最後に法定金利を使うことがあります。

★54　英語では、「利子」と「利息」はともにInterestで区別がありません。

2　内国為替と外国為替

「為替」の仕組み

次に、銀行のもうひとつの基本（固有）業務である**「為替」**[★55]**（決済）**業務について見ていきましょう。為替とは、手形や小切手、そして振込など“現金以外”で行われる決済手段のことです。なお、「振込」は小切手が電子化／無券面化されたものと考えられています。

為替のうち、国内で行われるものを「内国為替（ないこくかわせ）」といい、外国との取引によって行うものを「外国為替（がいこくかわせ）（外為（がいため））」（FX：Foreign Exchange）といいます。この為替業務は、国や法律によっても異なりますが、基本的には免許制の銀行業（銀行業務を行うもの）が行います。

日本の内国為替を支える決済システムが、「全銀システム」（全国銀行データ通信システム）です。

「資金移動業者」って？

近年、金融（Finance）の分野に情報技術（Technology）を結び付けた金融改革**「フィンテック」**（FinTech）が進んでいます。そのひとつに、「資金移動業者」（FTSP：Funds Transfer Service Provider）の新設があります。耳慣れない業種ではありますが、「PayPay」（ソフ

★55　替える（交換する）ことを為す、といった当て字です。

トバンク系)、「楽天ペイ」(楽天系)、「d払い」(NTT系)など、スマートフォン等を使った送金手段がそれにあたります。

かつて、日本の為替業務(振込・送金・資金移動)は、「銀行法」に基づき銀行だけが取り扱うことを認可されており、国内送金(振込)のみならず外国送金(外為)もその範疇でした。その後、資金決済法の制定によって、日本に資金移動業者が定義され、今では銀行でなくとも為替取引を行うことが認められるようになりました。(日本の資金移動業者の場合、免許を必要としませんが、「財務局」への登録が求められています)

日本の「資金移動業者」新設のきっかけは、フィリピン政府からの依頼でした。フィリピンには、有力産業のひとつに「出稼ぎ労働」があります。OFW(Overseas Filipino Workers)とも言われ、人口の約1割(GDPでは約2割)がこの出稼ぎ労働者によるものと言われています。

出稼ぎ労働で重要なのは「送金」です。それも、出稼ぎ労働で稼いだ賃金を自国(フィリピン)に送金するための「国際送金」(郷里送金)が必要です。しかし、日本の銀行が設定している海外送金の手数料は高額で、出稼ぎ労働者にとってその負担は大きいものでした。

こうした問題を受けて新設されたのが、新業種の資金移動業者でした。そもそも先進主要国は、すでに資金移動業者のような業態を認可しており、たとえばアメリカではFedEx(Federal Express)、イギリスではWise（旧・Transfer Wise）がそれにあたります。これらは、一般的に銀行からの海外送金よりも手数料が安く設定されています。

このような新業種が新設されたのも、ひとつの規制緩和であると言えます。

円安・円高はどう決まる？

外国との取引である「外国為替」では、多くの場合通貨の交換を伴います。たとえば、私たちが海外に行くと、日本の通貨である「円」はほとんどの国で使用できません。そのため、円をその国の通貨に交換する必要があります。

現在、通貨と通貨の交換比率（**為替レート**）は常に変動しており、「外国為替市場」で決定されています。この為替レートは、モノの値段が変動する仕組みと同じように、市場の原理（需要と供給の関係）に従って決定されています。たとえば、海外旅行中の日本人が「円をドルに換える」場合、これは言い換えれば、「円でドルを買う」ということを意味しています。こうして、ドルの需要が高まればドルの価値は上がり、反対にドルの需要が下がればドルの価値は下がるというわけです。

ここで、「1ドル＝100円」が「1ドル＝120円」に変化した場合について考えてみましょう。「1ドル=100円」の為替レートでは100円で1ドルを購入できましたが、「1ドル=120円」の為替レートでは100円で1ドルを購入できません。つまり、ドルの価値に対して円の価値が下がったということで、**「ドル高円安」**になったことを意味しています。

次に「1ドル=100円」が「1ドル=80円」に変化した場合です。「1ドル=100円」の為替レートでは100円で購入できていた1ドルが、「1ドル=80円」の為替レートではたった80円で購入できるようになります。つまり、ドルの価値に対して円の価値が上がったということで、**「ドル安円高」**になったことを意味しています。

円高・円安の仕組み

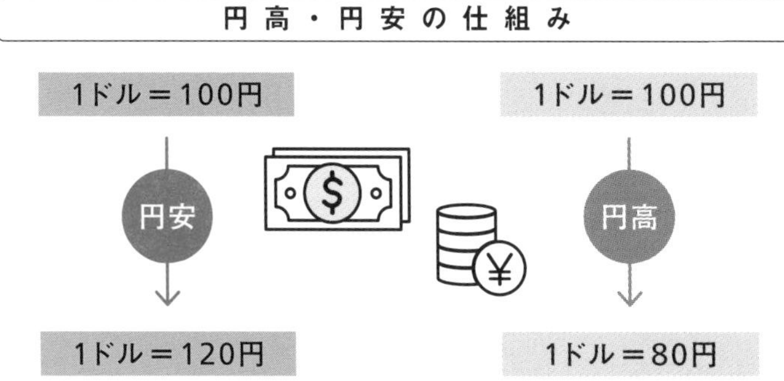

この為替レートが常に変動しているのは、各国の金利や企業の輸出入の増減などによって、通貨に対する需要と供給が変化し続けているからです。

たとえば、より金利の高い国で資産を運用するために、日本円を外貨に換えて保有しようとする人が増えれば、円売りの動きが強くなるので円安傾向が生じます。最近でも、アメリカの中央銀行にあたるFRBが大幅な利上げを続けた結果、円を売ってドルを買う動きが加速し、急速に円安が進みました。

あるいは、たとえば日本から外国への輸出が増えれば、円買いの動きが強くなり円高傾向が生じます。これは、日本の企業が外国に商品を輸出した場合、外貨で受け取った代金を日本円に替えておくなどの必要があるからです。

なお、一般的に**輸出企業は、「円安」によって受けるメリットが大きい**と言われています。なぜなら、たとえば「1ドル＝80円」の円高時よりも、「1ドル＝120円」の円安時の方が、海外で販売される日本製品の価格が割安になるからです。しかし、その一方で円安になると原材料を輸入する際のコストが高くなるといったデメリットも考えられるので、一概に良いことばかりとは言えません。

国際情勢が不安定になると、経済が安定している国の通貨、いわゆる「低リスク通貨」が買われる傾向が強くなります。

為替相場の大きな流れ

そもそも日本の外国貿易は、第二次世界大戦後に連合国軍総司令部（GHQ：General Headquarters）の管理下で再開され[★56]、当初は品目ごとにそれぞれ別々の為替レートを設定していました。しかし、1949（昭和24）年には**「1ドル＝360円」**の単一為替レートがしかれ、

★56　デトロイト銀行頭取ジョゼフ・ドッジが米政府公使かつGHQ経済顧問として来日し主導しました。

日本も固定相場制を採用することになりました。

なお、固定相場制とは各国の通貨間の為替レートを固定する制度のことです。当時は、米ドルを基軸通貨として、「1ドル=360円」のように米ドルと各国の通貨の為替レートを固定していました。これが可能だったのは、アメリカが世界の約7割の金を保有しており[★57]、基軸通貨である米ドルはいつでも金と交換できることを保障されていたからです(**金・ドル本位制**)。

しかし1960年代に入ると、アメリカはベトナム戦争の軍事費や海外投資の拡大が膨らみ、大量の米ドルが海外へ流出しました。国際収支と財政収支で赤字を抱え、さらには金の保有量が激減した結果、アメリカは金とドルの交換が困難になっていきます。こうして米ドルの信用が大きく低下する中、ニクソン大統領(当時)は、1971年8月に米ドルと金の交換停止を発表しました。この電撃的な発表は「**ニクソンショック**」と呼ばれ、それ以降ドルの価値は下落し、世界経済や国際通貨体制に深刻な影響を与えました。

その後、主要10か国は同年12月に「スミソニアン協定」を結んで「1ドル=308円」にまで切り下げましたが、1973年には固定相場制が維持できなくなり、現在のような変動相場制へと移行していきました。

現在のような変動相場制に至るまでに、様々な変遷があったことがわかります。

★57 この状況を表した作品に『007/ゴールドフィンガー』(1964年)があります。アメリカに貯蔵される金塊を放射能で汚染することで、自身が保有する金の価格を暴騰させようとする計画が描かれました。

COLUMN

為替介入

為替レートの急激な変動を抑え、その安定化を図ることを目的に、中央銀行が外国為替市場で通貨の売買を行うことを**「為替介入」**（正式には「外国為替平衡操作」）といいます。日本でも、円安・円高による経済への影響を是正するために、必要に応じて為替介入が実施されてきました。

なお、為替介入は一般に**「日銀介入」「日銀バズーカ」**とも言われたりもしますが、それは誤りです。実際には財務大臣の権限において、財務省が介入の指示を行い、日本銀行が介入事務を担います。日銀は事務を行うだけで、為替介入を判断・実行する権限はありません。正確には「財務省介入」なのです。

3 中央銀行の働き

日本銀行の3つの役割

国家や特定の地域における金融機関の中核の存在として、**中央銀行**（Central Bank）があります。ご存じの通り、日本の中央銀行は「**日本銀行**（にっぽんぎんこう）」であり、普通の銀行とは違って発券銀行・銀行の銀行・政府の銀行という3つの役割をもっています。

日本銀行本店　yama1221 / PIXTA(ピクスタ)

①発券銀行

日本の紙幣である「日本銀行券」を発行しています[★58]。紙幣は、独立行政法人「国立印刷局」で製造されており、日本銀行が製造費用を支払って引き取ります。なお、民間の金融機関が日本銀行に

★58　「硬貨」は政府が発行主体である貨幣です。独立行政法人「造幣局」が製造し、日本銀行が受領した時点で“発行”となります。ちなみに法律（貨幣法）によって、20枚以上の硬貨は、小売店などでは受け取りを拒否することが可能です。

保有する「日銀当座預金」から引き出すことでおカネが世の中に送り出されますが、この時点で銀行券が“発行”されたことになります。

②銀行の銀行

日本銀行は個人や企業との取引は行わず、民間銀行を中心とする金融機関との間で取引を行います。各民間銀行は、日本銀行に**預金口座（日銀当座預金：日銀当預）**を持っており、この口座が金融機関相互の最終的な資金決済の場として機能しています。具体的には、「日本銀行金融ネットワークシステム」（日銀ネット）という日本銀行と各金融機関がオンライン上で結ばれた決済システムにより、金融機関間は瞬時に決済[★59]されています。

③政府の銀行

政府のおカネを管理しています。国（政府）の資金である国庫金に関する事務（税金や社会保険料の受け入れ、年金や公共事業費の支払い等）を行っているほか、国債に関する事務（国債の発行、国債元利金の支払い等）や、外国為替市場における為替介入の事務など、国の金融関係の事務を取り扱っています。

> 民間の銀行とは、役割がまるで違っていることがわかります。

日本銀行成立の背景

日本銀行設立のきっかけとなったのは、1877（明治10）年の「西

★59　詳細は拙著『決済インフラ入門【2025年版】』（東洋経済新報社）をご参照ください。

★60　混乱しやすいですが、「国立銀行」とは国が出資している銀行ではなく、国立銀行法に基づいて設立された民間銀行です。

南戦争」でした。鹿児島を中心に南九州で西郷隆盛が蜂起し、明治政府の官軍よって制圧された日本国内最後の内戦です。政府や国立（こくりつ）銀行（National Bank）[★60]は、その戦費を捻出するために大量の紙幣を独自に発行し、ガトリング砲などの高価な最新兵器を購入して鎮圧に向かいました。

このとき、政府や国立銀行が発行した紙幣は正貨（金貨や銀貨）と兌換できない不換紙幣でした。そのため、この紙幣に対する信用度も低く、物価が急激に上昇するハイパーインフレに陥ったのです。そこで、日本政府は中央銀行を創立し、正貨と兌換できる兌換紙幣（銀行券）の発行権を中央銀行に集中させました。こうして中央銀行を中核とする銀行制度が整えられていき、1882（明治15）年には日本銀行の操業が開始されました。

明治政府の下で近代的な通貨制度が整備されると、日本は日清戦争で得た賠償金2億3000万両[★61]（当時の日本円では約3億5600万円）を準備金として、金本位制を確立させていきます。1897（明治30）年には「貨幣法」が制定され、金0.75g=1円とする交換ルートを定めました。このようにして、日本は経済や金融面でも国際社会に参加していくようになったのです。

日銀が「発券銀行」の役割を担うまでには、様々な歴史がありました。

★61　日本と清国の賠償金の受渡しは、なんと英国銀行（Bank of England）の内部振替で行われました。

各国中央銀行の比較

日本銀行と同様に、それぞれの国や地域にも中央銀行が設けられています。しかし中央銀行だからといって、機能・役割がまったく同じというわけではありません。むしろ、先進国の中央銀行の組織や仕組みは、各国ごとに驚くほど違っています。

①FRB（アメリカ）

アメリカの中央銀行にあたるのが連邦準備制度理事会（FRB：Federal Reserve Board）です。首都ワシントンに本拠が置かれており、米ドルを発行し、アメリカの金融政策を担います。

FRBの設立は、巨大財閥であったロスチャイルド家、ロックフェラー家、モルガン家などの金融資本によるものでした。また、分権性が進むアメリカでは12の連邦準備銀行（Federal Reserve Bank）がそれぞれの地区を管轄していますが、これら連邦準備銀行の出資者はすべて民間の金融機関です。つまり、FRBは政府からの資金を1ドルも受け入れていません。そういう意味では、FRBは日本銀行以上に明確な政治的独立を保っていると言えるでしょう。

ただし、FRBの議長をはじめ理事会のメンバーは大統領によって指名されるため、その政治的影響を受ける可能性は否定できません。現職のFRB議長であるジェローム・パウエル（Jerome Powell）氏は、元々が弁護士であったためか、政党色が前面に出ておらず政治と距離を置く姿勢が特徴的です。

②ECB（ヨーロッパ）

欧州の中央銀行は、欧州中央銀行（ECB：European Central Bank）です。ドイツのフランクフルトに本部が置かれており、ユーロを発行し、ユーロ圏の統一的な金融政策を担います。

欧州は、歴史的に見ても大規模な戦争が続いた地域で、特に2度の世界大戦によって甚大な被害を受けました。そのため、国境をなくして資源を共同管理し、アメリカのような合衆国となるべく欧州全体の統合を目指したのです。

なかでも重要なのが、単一通貨「ユーロ」(Euro）の導入です。欧州連合（EU：European Union）は、ユーロに参加する条件として物価の安定、健全な財政などを定め、ユーロを支える中央銀行としてECBを設立しました。なお、現在ECBも、ユーロ圏のデジタル通貨である「デジタルユーロ」の発行に向けて研究を進めています。

「中央銀行」とは言っても、設立の背景や担っている役割はまるで違っています。

4 金融政策と通貨の量

「金融政策」って?

マクロ的な経済政策のひとつに、金融(通貨)当局[*62]による「**金融政策**」があります。これは、日本銀行が中心となって、市場に出回るおカネの量を調整して景気に刺激を与えることをいいます。

たとえば、過度なインフレが見られる場合には、日銀は市場に出回るおカネの量を減らして景気の過熱を抑制します(**金融引き締め**)。反対に、景気が悪化しているときには、市場に出回るおカネの量を増やして経済を活性化させます(**金融緩和**)。

なお、"市場に出回るおカネの量"とありますが、"日銀"が供給する通貨の総量のことを「**マネタリーベース**」(Monetary Base)といいます。具体的には、世の中で流通している現金通貨(紙幣・硬貨)と日銀当座預金の残高の合計値を指します。

【マネタリーベースの構成】
マネタリーベース=「日本銀行券発行高」+「貨幣流通高」
+「日銀当座預金」

一方で、日銀を含む金融機関全体から供給された通貨量のことを「**マネーストック**」(Money Stock)といいます。要は、家計や企業が保有している、世の中に出回っているおカネの総量のことです。このマネーストックは、どのように集計するか(どこまでをおカネとしてカウン

★62 金融当局とは、財務省、金融庁、日本銀行のことを指します。

トするか）によって4つの指標に分類されています。

【マネーストックの指標】
M1：現金通貨＋預金通貨
M2：現金通貨＋預金通貨＋準通貨[★63]＋CD[★64]
（預金通貨、準通貨、CDの発行者は国内銀行）
M3：現金通貨＋預金通貨＋準通貨＋CD
（預金通貨、準通貨、CDの発行者は全預金取扱機関）
広義流動性：M3＋金銭の信託＋投資信託＋金融債＋銀行発行普通社債＋金融機関発行CP＋国債＋外債

現在、日銀はマネタリーベースを拡大して金融緩和を行っています。一般的には、マネタリーベースが増えれば、それに伴って民間銀行が個人や企業に積極的な融資を行い、マネーストックが拡大する（民間銀行から市場におカネが出回る）と考えられています。しかし、このような金融緩和策は、まさに輸血と同じようなものです。血の巡りを良くして体調の改善を促しますが、行き過ぎたインフレを招く危険性もあります。物価上昇が続く中では、今後の在り方について検討の必要があります。

日銀は「金融政策」によって、物価の安定や景気の調整を図っています。

★63　定期預金や外貨預金など、解約するといつでも現金に換えられる金融資産のこと。

★64　譲渡性預金（Certificate of Deposit）のことで、満期日を迎える前でも他社に譲渡ができます。

「金利」は日銀によって決められている！

では、日銀が行っている金融政策について見ていきましょう。

まずひとつに、日銀は市場に出回るおカネの量を調節して「金利」を誘導しています。このとき、日銀の誘導目標となる金利を**「政策金利」**といい、長らく短期金融市場における**「無担保コールレート（オーバーナイト物[★65]）」**などがその対象とされてきました。これは、銀行同士がおカネのやりとりを行うコール市場[★66]において、無担保かつ1日で満期を迎える超短期のおカネの貸し借りに適用される金利のことです。

一般に民間銀行は、日銀当座預金の残高を一定にするように義務づけられています（**準備預金制度**）。そのため、長期の貸し出し等が増えて日銀当座預金の残高が不足してくると、他の金融機関からおカネを借りなければなりません。こういった取引に適用されるのが、「無担保コールレート（オーバーナイト物）」です。通常、各民間銀行の資金量が全体的に不足していれば金利は上昇し、資金量に余剰が出ていれば金利は下がります。つまり日銀は、市場に出回る（民間銀行が保有する）おカネの量を調節することでコール市場に介入し、金利を誘導しているというわけです。

仮にコール市場の金利が下がれば、たとえば資金不足になったA銀行は、低金利でおカネを調達することができるので、A銀行が個人や企業におカネを貸し出す際の金利も引き下げることができます。すると、個人や企業はおカネを借りやすくなります。なぜなら、積極的に融資を受けて新規事業や設備投資におカネを回しても、金利分以上の収益を得られる可能性が高いからです。

★65　「借りた日の翌日に返す」というように、金融機関同士による無担保かつ短期（満期１日）のおカネの貸し借りにかかる金利のこと。

反対に、コール市場の金利が上がれば、A銀行は高い金利でしかおカネを調達することができず、A銀行が個人や企業に貸し出す際の金利も引き上げざるを得ません。すると、個人や企業はおカネを借りにくくなります。高金利で融資を受けてまで新しい事業に乗り出す企業は少なくなり、全体として景気は抑制されていきます。

このようにあらゆる金利は常に連動しており、政策金利の変動は、銀行から個人・企業への貸し出し、国債の利回りなど国内の様々な金利に影響を与えています。景気が悪い時には金利を引き下げ

金利の決まり方

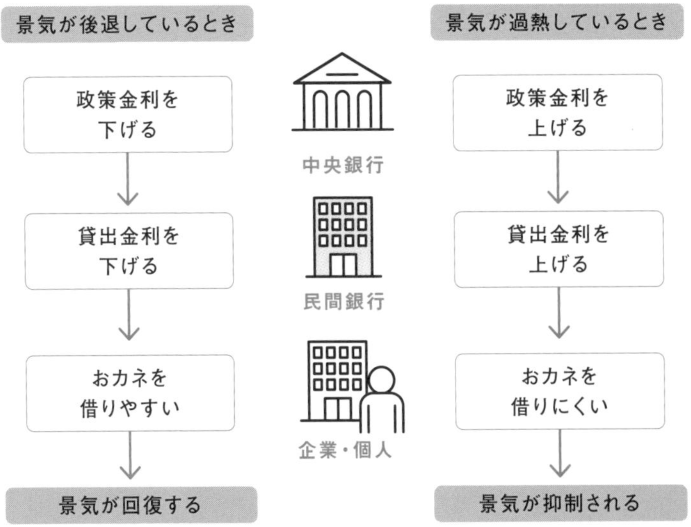

景気が後退しているとき		景気が過熱しているとき
政策金利を下げる	中央銀行	政策金利を上げる
↓		↓
貸出金利を下げる	民間銀行	貸出金利を上げる
↓		↓
おカネを借りやすい	企業・個人	おカネを借りにくい
↓		↓
景気が回復する		景気が抑制される

★66 金融機関が日々の短期的な資金の過不足を調整するための取引を行う場のこと。呼べばただちに戻ってくる資金「money at call」が語源。

て活発な取引を促し、景気が過熱しているときには金利を引き上げて景気を抑制する。こうして日銀は、間接的にあらゆる金利を調節し、景気の安定を図っているのです。

「金利」は様々な経済活動に大きな影響を与えています。

「公開市場操作」って?

では、日銀はどのようにして市場に出回るおカネを操作しているのでしょうか。

その主な手段のひとつが**「公開市場操作」**です。公開市場操作とは、日銀と民間の金融機関との間で「国債」や「手形」などの売買を行い、マネタリーベースを増減させることを指します。

この公開市場操作には、不況時に日銀が国債の買い入れなどを行い、民間の金融機関におカネを供給する**「買いオペレーション」**と、好況時に日銀が国債の売却等を行い、民間の金融機関からおカネを吸収する**「売りオペレーション」**があります。なお、ここでのおカネのやりとりは、現金ではなく「日銀当座預金」の入金・引き落としによって決済されています。

①買いオペレーション(買いオペ)

景気が後退しているとき、日銀は、民間銀行などが保有している国債や手形を買い取ることで、市場におカネを供給します。銀行の資金が増えれば(日銀当座預金の残高が増えれば)、その分のおカネ

公開市場操作

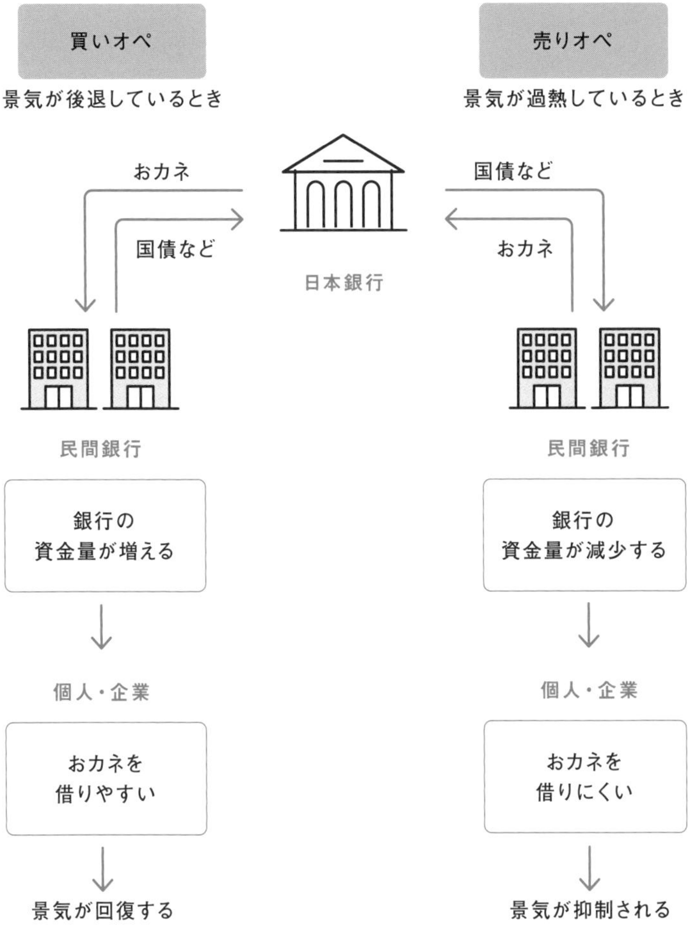

買いオペ

景気が後退しているとき

おカネ

国債など

日本銀行

民間銀行

銀行の
資金量が増える

↓

個人・企業

おカネを
借りやすい

↓

景気が回復する

売りオペ

景気が過熱しているとき

国債など

おカネ

民間銀行

銀行の
資金量が減少する

↓

個人・企業

おカネを
借りにくい

↓

景気が抑制される

を融資に回せるようになります。すると、コール市場の金利も下がるので、個人や企業はおカネを借りやすくなります。こうして積極的な融資が促されると、人々の消費・投資が活性化し、景気を拡大させることができるのです。

②売りオペレーション（売りオペ）

先ほどとは反対に、景気が過熱しているとき、日銀は、民間の銀行などに国債や手形を売り出し、市場からおカネを回収します。銀行の資金が減少すれば（日銀当座預金の残高が減少すれば）、融資に回せるおカネが減ります。すると、コール市場の金利が上がるので、個人や企業はおカネを借りにくくなります。こうして市場に出回るおカネの量を引き締めると、人々の消費・投資も減少し、過熱する景気を抑制することができるのです。

日銀は公開市場操作を通じて、金利を目標水準まで誘導しています。

日銀の金融緩和策の変遷

日銀は、伝統的に各金融機関が資金を調達する際の金利を誘導することで景気の回復を図ってきました。たとえば1990年代のバブル崩壊以降には、いわゆる**「ゼロ金利政策」**が実施され、「無担保コールレート（オーバーナイト物）」を、限りなくゼロに近づけるよう促してきました。

しかし、その後も日本経済の落ち込みは続き、日銀はさらなる金融緩和の実現を目指して様々な政策を実施してきました。2013年には「物価上昇率2%」の目標に、量・質ともに次元の違う**「量的・質的金融緩和」**が開始されました[★67]。これにより、金融政策の主な操作目標は「無担保コールレート」から「マネタリーベース」へと変更され、日銀はマネタリーベースを大幅に増加させることで景気の回復を図りました。

これは、日銀が大量の国債を買い入れることで市場におカネをジャブジャブ供給する**「量的緩和」**だけでなく、満期までの期間が長い国債の買い入れを増やしたり、これまでは対象とならなかったリスクを伴う金融商品(株式をベースとした「ETF」、土地をベースとした「J-REIT」など)の買い入れを増やす**「質的緩和」**を組み合わせて、これまでにないレベルでの金融緩和を目指したということで「異次元の金融緩和」とも言われています[★68]。

さらに2016年には、**「マイナス金利」**が導入されました。これは、民間銀行が日銀当座預金に預けなければならない必要金額(準備預金)を上回る預金(超過準備預金)に対する金利をマイナスに設定するという政策です。これにより、民間銀行は“余剰分のおカネ”を日銀に預けている限り、日銀に対して金利を支払う必要がでてきます。そのため、民間銀行は余剰金を個人や企業への融資に回して運用した方が利益を見込めるというわけです。こうして、民間銀行の積極的な融資を促し、景気の回復を狙ったのが「マイナス金利」政策です。

★67 第3章(110ページ～)参照。

★68 それまでも量的緩和や投資信託の買い入れ等は行われていましたが、「異次元の金融緩和」では供給される資金量の規模の大きさに注目が集まりました。

これらの政策は、一定の効果を発揮したものの、やはりその評価は分かれています。また、詳細は後述しますが、日銀は「無担保コールレート」のような短期金利だけでなく、長期国債（10年物国債[★69]）を買い入れることで国債の利回りを操作し、長期金利の抑制にも乗り出しています。（イールドカーブ・コントロール[★70]）

賃金の上昇を伴う形で2%の物価上昇が達成されれば金融政策を転換する方針を示していますが、2024年現在に至るまで大規模な金融緩和は継続されています。なお、今後は「マイナス金利」が解除されることが示されており、金融機関の行動にも変化が生じると考えられます。

金融政策に関しては、年8回開催される「金融政策決定会合」で審議・決定されています。

★69　満期までの期間が10年の国債のこと。

★70　第6章（199ページ～）参照。

第6章 ニッポンのお財布事情

――政府と財政

1 政府と経済の関わり

財政の機能

「財政」とは、国民からの税金を元にして、政府（国や地方公共団体）が行う経済活動全般を指します。

すでに述べた通り、私たちは自由競争を基調とする資本主義社会に生きています。そのため、あらゆる経済活動を市場に依存してしまうと、“必要なモノが必要なところに供給されない”といった問題が発生し、国民の生活に支障をきたしてしまう恐れがあります。

たとえば、公園や図書館などの運営を民間に委ねた場合、それがいくら国民の生活にとって重要なモノであっても、利用者が少なく、利益を期待できない地域には設置されないかもしれません。あるいは、警察や消防といったサービスに代金が発生するようになれば、それが緊急を要する事態であっても、おカネがなければ頼ることができない、という可能性も考えられます。

そこで登場するのが「政府」(Government) です。基本的には、**利益を見込める活動は民間に委託し、公共性の高い活動は政府が担います。**

なお、政府による財政は、大きく分けると以下の3つの機能に分類することができます。

①資源の配分（Resource Allocation）

政府は、社会資本や公共サービスなどの「公共財」を供給します。社会資本とは一般道路や公園、上下水道など国民生活の基盤となる公共インフラのことで、公共サービスとは警察や教育、国防など民間の経済活動では生み出せないサービスを指します。このように一般の利用者からおカネを取るべきでないモノ、利潤に結び付かないモノは民間の企業では提供できません。

②所得の再分配（Income Redistribution）

累進課税制度や社会保障制度を通じて、所得格差を是正します。累進課税制度とは所得の金額に応じて税金を徴収すること。そして社会保障制度とは国民生活におけるセーフティネットのことで、社会保険に含まれる公的年金、医療保険などがこれにあたります。要は、経済力のある人からより多くの税を集め、経済力の乏しい人を支援するということです。資本主義経済の下で自由競争を放任しすぎると、貧富の差はどんどん拡大してしまいます。そこで、政府が介入することで格差の是正に努めることが求められているのです。

③景気の安定化（Economic Adjustment）

「財政政策」（Fiscal Policy）を通じて景気の安定化を目指します。財政政策とは、政府が税金の徴収や国債の発行などによって資金を集め、経済政策を行うことを指します。一般に、中央銀行を中心とする「金融政策」と並んでマクロ経済政策の柱とされています。不況時には減税や公共事業を実施して世の中におカネが回るように促し、好況時には増税や政府支出を減らして世の中に出回るおカネを引き締めます。

政府が公共事業（投資）を積極的に行えば、雇用の創出、需要の拡大につながると考えられています。

COLUMN

「民営化」って？

どのような活動を政府（国家・自治体）が担い、どのような活動を民間に委ねるのかは、国や社会的背景、時代によって異なります。しかし、特に1980年代以降は、各国が共通して「官から民へ」という流れの下で**「民営化」**（Privatization）が進められてきました。

民営化とは、端的に言えば、国や地方公共団体が運営する事業を民間の会社などに委ねることを指します。これは、民間に委ねられる事業は可能な限り民間に委ねた方が、より自由な経済活動を行うことができるという考えに基づいています。

実際に日本でも、電気通信事業を営んでいた日本電信電話公社（電電公社）が1985年にNTTグループへ民営化されたり、国有鉄道を運営していた日本国有鉄道（国鉄）が1987年に分割民営化されてJR各社が発足したりしました。

比較的最近の出来事で言えば、2007年に「郵政民営化」が開始され、日本郵政公社が提供してきた郵政三事業（郵便貯金・郵便・簡易保険）は「ゆうちょ銀行」「日本郵便」「かんぽ生命」に引き継がれました。

民営化が行われれば、国や自治体の事業がスリム化されるため、公務員の削減など、政府の財政負担を軽減できるといった利点が考えられます。また、「官」から「民」へ移行されたことで市場の原理が働きやすくなるため、業務が効率化されるだけでなく、サービスのさらなる向上などが期待できます。しかしその一方で、民営化によって公共性が失われるという危険性についても考えておかねばなりません。利益や効率ばかりが重視されるようになると、平等性や安全性などが疎かになってしまうこともあるのです。

日本の予算構成

財政の実施には、どの政策にどれだけのおカネを使うか、といった年間計画（予算）が必要です。国家の予算には、一般的な財政活動を行うための**「一般会計予算」**、特定の事業における歳入・歳出を一般会計と区分して経理する「特別会計予算」などがあります。

これらは基本的に、内閣が作成し国会で議決されています。

「一般会計歳入」を見ると（右ページの図参照）、税収等が全体の3分の2程度にとどまり、残りの3分の1は公債金収入に依存していることがわかります。なお、公債金とは、政府が歳入不足を補うために集めた借金のことです。税収だけでは財源を確保できないため、債券の発行によって歳入を補い、その負担を将来世代へ先送りし続けているというのが現状です。

また、「一般会計歳出」を見ると、社会保障が約3割と最も大きくなっています。“少子高齢化”が急速に進む中で、年金や医療費などを含む社会保障の割合は年々増加しており、日本の財政を圧迫しています。政府も社会保険料の値上げや消費税の引き上げなどで収入の増加を図っていますが、問題が解決に向かっているとは決して言えない状況です。

歳出の約2割が国債費（借金の返済）に充てられていることにも注目です。

税収を左右する「直間比率」

政府による財政活動を支えているのは、何と言っても「税収」です。日本には様々な形態の租税がありますが、大きく**「直接税」**と**「間接税」**に分けることができます。

2023年度の一般会計予算（単位：億円）

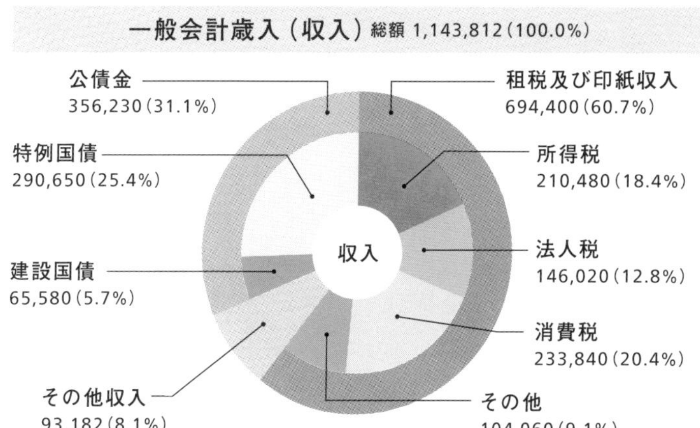

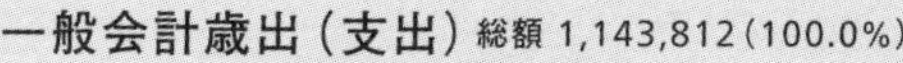

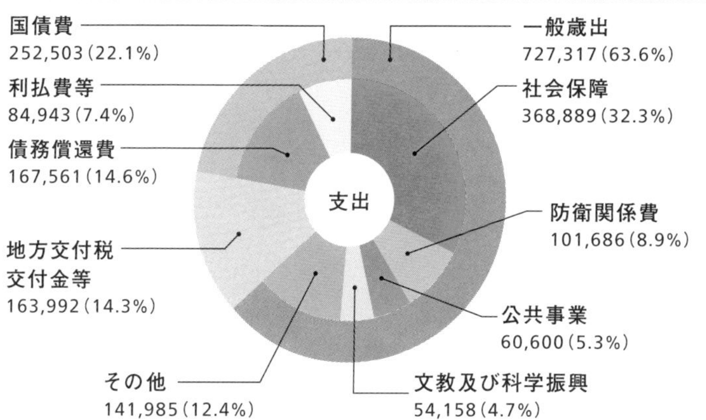

財務省資料より作成

まず直接税とは、税を納める人（納税者）と、税を負担する人（担税者）が同じ税のことです。たとえば、企業や労働者が納税額を申告して納めている法人税や所得税がこれにあたります。

直接税は収益に応じた課税が可能であるため、支払い能力の高い人ほどより大きな税負担を担うという**「垂直的公平」**を確保しやすい点が特徴です。

一方で、納税者と担税者が異なる税を間接税といいます。たとえば、商品やサービスを購入した時にかかる消費税は、実質的に支払っているのは消費者ですが、実際に納めているのはお店側です。

間接税は、支払い能力に限らず社会全体から一律に課税できるという**「水平的公平」**を確保しやすい点が特徴です。しかし、その一方で高所得者ほど負担の度合いが小さくなるという**「逆進性」の問題**も指摘されています。

なお、税収における直接税と間接税の割合を**「直間比率」**といいます。その比率は国によっても異なりますが、日本の場合、2020年度の実績額で「65：35」とされています。

直接税と間接税はそれぞれ違う性質を持っているため、直間比率をどうするかによって税収額は大きく変わってきます。たとえば、直接税は景気の影響を強く受けやすいという性質を持ちます。とくに累進課税が適用されている所得税は、企業の業績等に大きく左右されてしまうため、決して安定した財源とは言えません。（会社の業績が悪化したときに、税率が下がることで従業員の手取り収入が大幅に下がることを防げるといったメリットもあります。)

それに対して、間接税は景気変動による影響を受けにくく、安定した財源として位置づけられています。景気が落ち込んだからと言って、人々の消費がいきなり激減するということは考えにくいからです。

そのため、最近では直間比率の見直しが行われており、ここ数十年で消費税が上がり続けているのも、間接税の比率を増やす一環であると考えられています。

直接税にも間接税にも一長一短があり、適切な直間比率に関しては継続的な議論が必要です。

様々な税の分類

名称		直接税	間接税
国税		所得税 法人税 相続税	消費税　揮発油税 酒税　たばこ税 関税　印紙税
地方税	都道府県税	都道府県民税 事業税 自動車税	地方消費税 都道府県たばこ税 軽油引取税
	市区町村税	市区町村税 固定資産税 軽自動車税	市町村たばこ税 (特別区たばこ税) 入湯税

租税をめぐる諸問題

1989年に3%の消費税が導入されて以来、その税率は上昇し続けており、2024年現在では10%にまで引き上げられました。ちなみに、消費税を1%上げれば年間で約2兆円の税収が得られると言われています。

消費税はその性質上、人々が消費するモノやサービスに幅広く課税することができます。高齢者も含めて国民全体で負担しているため、現役世代に負担が偏ることもありません。そのため、**膨らみ続ける社会保障費の財源としては最適である**と考えられています。

なお、日本の消費税にあたる税を、一般に「付加価値税」(VAT: Value Added Tax)と言いますが、欧州ではその税率を20%以上に設定している国もたくさん見られます。なかでも、ノルウェーやフィンランドなどの北欧諸国は税率が高いことで知られており、その分教育費や医療費が無償であるなど手厚い社会保障サービスによって還元されています。

また、消費税に限らず、租税をめぐる諸問題には**「公平の原則」**という観点が欠かせません。当たり前ですが、特定の業界にだけ厳しい徴税が実施されれば、その業界の人々は不満を募らせるでしょう。

しかし、実際に国税庁が正確な所得を把握できる割合は、納税者の業種によって異なります。たとえば、所得税が給与から天引きされる給与所得者(サラリーマン)であれば約9割の所得は把握できます。しかし、自己申告が基本となる自営業者では約6割、農林水産業関係者では約4割ほどの所得しか把握できません。これは「**クロヨン（9・6・4）問題**」と言われており、所得の捕捉率の不公平を表す言葉として知られています。

それぞれの租税によって特性が異なるため、どのようにして公平性を確保するのかが重要な問題であると言えます。

マイナンバー制度をめぐる諸問題

このような税金逃れを防止する対策のひとつとして、2015年に「**マイナンバー制度**[★71]」が導入されました。マイナンバーとは、国民一人一人に割り当てられた12桁の個人番号のことで、日本の公的な身分証明書（ID：Identification ）となります。

マイナンバーは、社会保障や税金、災害時の安否確認など様々な分野における情報の管理・確認に活用されており、これにより行政手続きの効率化や社会保障制度の適正な運用が期待されています。

マイナンバーの導入のきっかけは、2013年に成立した「番号法」（行政手続における特定の個人を識別するための番号の利用等に関する法律）でした。2015年半ばより、日本国内に住民票を持っている全住民に個人番号が通知され、本格的な運用がスタートしました。

2016年1月から交付が始まった「マイナンバーカード」は、8年の時を経て、申請件数で約8割の普及率に達しています（2024年2月末）。運転免許証の普及率が7割弱であることを踏まえると、かなり

★71　元々は総務省の所管でしたが、現在はデジタル庁（2021年設立）に移管されています。

の成果といえるのではないでしょうか。

マイナンバーカードがここまで普及した背景には、総額2兆円の「ポイント事業」があります。政府は制度の開始当初より、マイナンバーカードは国民の申請に基づき交付されるもの[★72]としており、そのため申請者がなかなか集まらないという状況が続きました。そこで、政府は「大規模なポイント還元を行う」ということでマイナンバーカードの普及に努め、その結果、約8割の人が申請するに至ったというわけです。

マイナンバーカードについては、普及が進む一方で様々なトラブルが発覚しました。

マイナンバー狂騒曲

政府がマイナンバーカードの普及を急いだのは、**行政手続きの効率化**が求められたからです。コロナ禍では、給付金を迅速に手配できない事態が相次ぎ、接種確認アプリやワクチン接種システムの不具合で混乱を招くなど、行政のデジタル化遅れが浮き彫りとなりました。

このようなことから、あらゆる公的サービスをデジタル処理するための基盤として、マイナンバーの活用とマイナンバーカードの普及が推進されたのです。ちなみに、2023年の世界デジタル競争力ランキングでは、日本は64カ国（地域）中32位で、過去最低の順位となっています。

★72　日本政府がマイナンバーの取得を強制しなかったのは、第二次世界大戦の反省から個人情報の管理に対して慎重な姿勢をとっていたからだと考えられます。

現在では、1億枚近くのマイナンバーカードが申請（発行）されています。しかし、その一方で「自主返納」を希望する人が増えてきているのも事実です。その主な理由としては、「情報漏洩への不安」や「制度に対する不信感」などが挙げられています。実際、公金受取口座の紐付けを誤って登録していたり、別人の証明書が誤交付された事案などが確認されており、マイナンバーカードをめぐっては個人情報にかかわるトラブルが相次いでいるのが現状です。

なお、政府は現行の健康保険証を2024年末に廃止すると表明しており、マイナンバーカードと「健康保険証」を一体にした「**マイナ保険証**」への移行を進めています。しかし、ここでもマイナンバーと健康保険証の紐付けの誤りが発生しています。政府は再発防止策を模索していますが批判の声もあり、国民の理解を得るには時間を要すると言えるでしょう。

批判の声もあるマイナンバー制度ですが、今後の動きに注目です。

2 財政を圧迫する年金制度

年金制度と2つの方式

少子高齢化が進むなか、社会保障費の増加は避けられない状況となっています。社会保障費の内訳は、年金給付費、医療給付費、介護給付費など様々ですが、ここでは、その割合が最も高い「**年金制度**」について考えてみましょう。

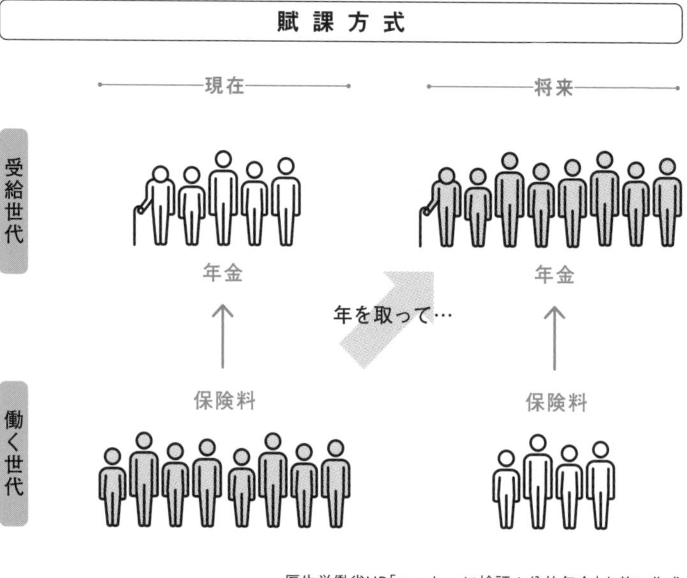

厚生労働省HP「いっしょに検証！公的年金」を基に作成

年金制度とは、一般に高齢者、つまり定年を迎えた世代の生活を支援する制度のことです。年金制度には、大きく分けて「**賦課方式**」と「**積立方式**」の2つの方式があります。国や地域によって内容や条件は異なりますが、日本では賦課方式の年金制度を採用しています。

賦課方式とは、現役世代（現在も労働に従事している世代）が納めた保険料を、そのまま高齢者の年金給付に充てる制度です。要は、子から親への「仕送り」のようなもので、「世代間の支え合い」という考え方に基づいています。

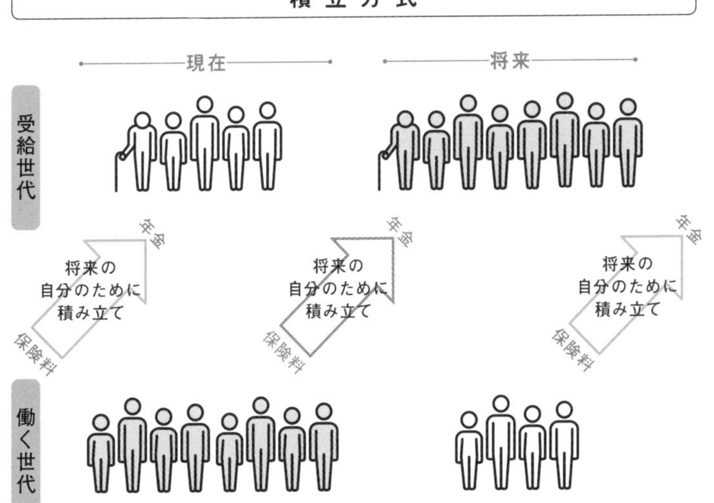

厚生労働省HP「いっしょに検証！公的年金」を基に作成

現役世代の割合が高いときは問題ありませんが、**高齢者の割合が高くなると現役世代の負担が大きくなる**ため、制度の維持自体が難しくなります。少子高齢化が深刻化している日本は、まさにこの問題に直面していると言えます。

一方で、積立方式とは、自分が現役世代であるときに積み立てておいた（支払った）保険料を、自分が老後を迎えたタイミングで受け取る制度です。この方式であれば、少子化が急速に進んでも、将来的に年金を受け取れなくなるといったことはありません。

しかし、自分が積み立てた分の金額を受け取るという性質上、**景気や物価変動の影響を大きく受ける方式である**と言えます。せっかくコツコツと老後の資金を積み立てていても、受け取る時にはおカネの価値が下がっており、実質的な受給額が目減りしてしまうといった可能性は否定できません。

「賦課方式」と「積立方式」では、年金を支払うために必要な財源をどう集めるか用意するための方法が異なります。

日本の公的年金制度

日本の公的年金制度は、20歳以上60歳未満のすべての人が加入する**「国民年金」**(**基礎年金**)と、会社員や公務員などが加入する**「厚生年金」**の2階建て構造になっています[*73]。この厚生年金の保険料は、加入者本人と会社が半分ずつ折半して負担するものとされています。そのため、加入者は国民年金に上乗せして保険料を支払う必要がありますが、将来的には国民年金に加えて厚生年金の受給が可能になります。

日本の公的年金制度

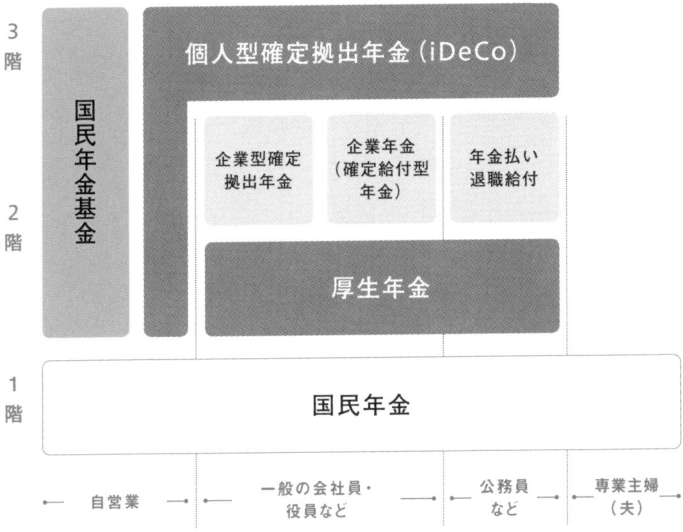

3階
2階
国民年金基金
個人型確定拠出年金(iDeCo)
企業型確定拠出年金
企業年金(確定給付型年金)
年金払い退職給付
厚生年金
1階
国民年金
自営業
一般の会社員・役員など
公務員など
専業主婦(夫)

★73 この場合、会社員・公務員以外の方とは、農業者、自営業者、学生、無職の方など、そして配偶者(年収130万円未満の20歳以上60歳未満)を指しています。

なお、1・2階部分にあたる「公的年金」に加えて、企業が福利厚生として設ける「企業年金」[*74]や、加入者自身で資産を運用する「私的年金」などを積み上げることも可能です。そのため、一概に年金とは言っても、将来的に受給できる額はそれぞれの運用によって異なります。年金制度の存続が危ぶまれている日本においては、公的年金以外に自分自身で資金の運用を行っていくことが求められています。

現在の日本の公的年金は、定額ではなく、物価や所得水準に応じた額が支払われています。

年金制度の危機!?

現在、少子高齢化の進行によって、日本の年金制度の存続が大きく揺らぎつつあります。年金の受給者数や受給期間が増大する一方で、年金保険料を納める労働人口の数は減り続けており、「受給者」と「支払者」のバランスは崩れています。

もちろん、医療制度の充実などによって平均寿命が伸びることは良いことですが、こと年金に関して言えば、支払う側である**現役世代の負担は大きくなり続けています。**このまま少子高齢化が進んでいくことを考えると、年金額を引き下げたり、受給開始年齢を引き上げたりなど、受給対象者の生活への影響は避けられないかもしれません。いずれにせよ、現状の年金制度を見直していかなければならないことは明らかです。

---

*74　制度の有無は、会社によって異なります。

ちなみに、2023年3月下旬、フランスで政府の年金制度改革に反対する（抗議）デモが激化しました。少子高齢化に関する問題に悩んでいるのは、日本だけでなく先進国などが抱える共通の問題だと言えます。

持続可能な年金制度については、継続的な議論が必要です。

マクロ経済スライド

賦課方式をメインとする年金制度は、現役世代が多い時には機能していても、日本のように少子高齢化が進んだ社会では維持が難しくなります。そのため、日本では「**マクロ経済スライド**」という制度が設けられています。

マクロ経済スライドとは、そのときの社会情勢（現役世代の人口減少や平均余命の伸び）に合わせて、年金の給付水準を自動的に調整する仕組みです。

一般に、年金の支給額は物価や賃金の変動に応じて毎年改定されていますが、その改定率から「スライド調整率[★75]」を差し引くことによって、年金額は調整されています。たとえば、2023年度の年金額は前年度の年金額を上回りましたが、3年ぶりにマクロ経済スライドによる調整が発動されたことで、実質的には目減りとなりました。

この制度は、2004年度の年金制度改正時に導入されましたが、長期にわたるデフレの影響によって年金額の改定率もマイナス傾向が続いており、過去、実際に発動されたのは4回にとどまります。し

★75　現役世代の減少と平均余命の伸びに応じて算出されます。

かし、このような仕組みを整備しておくことによって、物価上昇率ほど公的年金は増加しないように抑制されており、年金制度が破綻してしまわないように努められているのです。

マクロ経済スライドによって、実際に納められた保険料と年金の給付額のバランスが調整されています。

COLUMN

市場のクジラ「GPIF」

現役世代が納めた年金保険料のうち、年金給付に充てられなかった余剰分は、将来世代のために積み立てられています。その積立金を管理・運用しているのが、年金積立金管理運用独立行政法人（GPIF：Government Pension Investment Fund）です。

GPIFは世界最大級の"機関投資家"として知られ、運用資産は約200兆円にものぼります。ただし、公的年金という性質上何よりも安全な資産運用が求められており、厚生労働大臣が定めた「中期目標」において、積立金の実質的な運用利回り1.7%[*76]を最低限のリスクとして確保するこ

*76 「積立金の運用利回り」から「名目賃金上昇率」を差し引いたもの。この1.7%の根拠は示されていません。

とが要請されています。そのため、GPIFは長期的な視点に立って、国内外の株式や債券などに分散して投資することで安定的な収益を目指しています。

なお、GPIFはその巨額な運用資産から市場の「クジラ」とも言われており、株式市場等へ与える影響はかなり大きく、多くの投資家によってその動向が注目されています。

3 膨らみ続ける国債

財政収支は赤字でも…

政府は**「プライマリーバランス」**（PB：Primary Balance）の黒字化を目標としています。プライマリーバランスとは、国や地方自治体の基礎的な財政収支のことです。要は、一般会計予算における、公債金収入（借金）を除いた歳入総額と、国債費（借金返済費）を除いた歳出総額の差額であり、そのバランスが均衡を保っていることが望まれています。

現在、日本のプライマリーバランスは大幅な赤字となっており、税収等では社会保障をはじめとする歳出を賄えない状況です。プライマリーバランスを黒字化するためには、増税をするなどして歳入を増やすか、歳出を抑えるしかありません。しかし、少子高齢化が深刻化する日本において、社会保障費を削減するのは非常に困難であると言えます。

そのため、政府は赤字を埋めるために**「国債」**を発行し、不足分の資金調達を行っています[*77]。国債とは、端的にいうと国が発行する債券（借金）のことです。国債は債券市場で売買されており、投資家や金融機関が国債を購入するということは、それはすなわち国におカネを貸し出すことを意味します。

基本的に、購入した国債を満期まで保有していれば、元本と利

*77　地方公共団体が発行した場合は地方債となります。

子を受け取ることができます。そのため、国の保証があり、安全性の高い金融商品であるとも言われています。

国債の仕組み

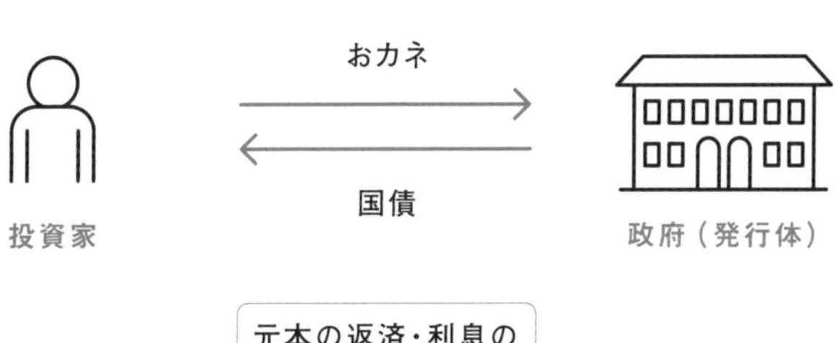

元本の返済・利息の支払を保証

なお、公共事業等に充てられる「建設国債」は財政法で発行が認められていますが、一般財源の不足分を補う「赤字国債」の発行は原則禁止されています。しかし、特例法を制定することで発行され続けているというのが現状です。

国債の割合が増えるほどに財政は硬直化していき、柔軟な活動が困難になっていきます。

COLUMN

債券と利回り

商品価格自体が変動する債券などの分野において、「利息」と「売却益[*78]」を合わせた、投資によって得られる収益全体の割合のことを**「利回り」**(Yield)といいます。そして、債券の利回りと投資期間をグラフ化したものが**「イールドカーブ」**(Yield Curve)です。

イールドカーブ

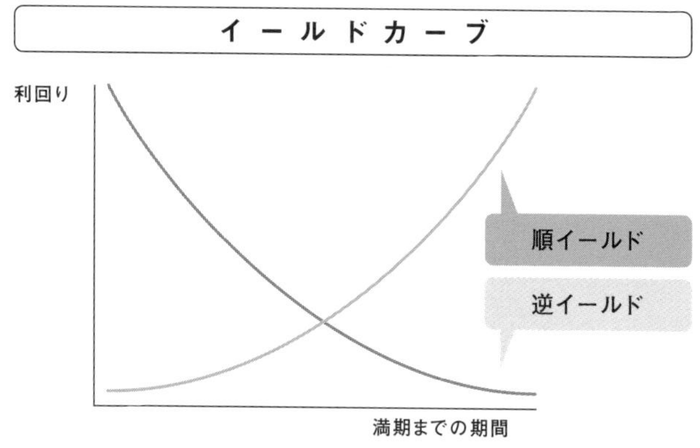

一般的に、先行きが読めないものほどリスクも高くなるため、満期までの期間(償還期間)が長いものほど利回り(金利)が高くなる傾向があります。要は、おカネを貸している

*78 「売却損」もあり得ます。

期間が長くなればなるほど、返済されない危険性も高くなるため、その分の金利も上昇するというわけです。これを「**順イールド**」(Normal Yield)といいます。

反対に、期間が長くなるにもかかわらず利回りが低くなることを「**逆イールド**」(Inverted Yield)といい、将来的に景気が後退していくことの予兆であると考えられています。

国債と利回りの関係

国債は「債券市場」で売買されており、株式と同様に、基本的には市場の原理(需要と供給の関係)に従って価格は変動しています。そのため、国債の需要が高まれば売買価格は上昇し、需要が下がれば価格も下落します。このとき重要になるのが、**国債価格が上昇すれば利回りは下がり、国債価格が下落すれば利回りは上がる**ということです。

たとえば、満期が1年の国債(利率1%)を1万円で購入したと仮定して考えてみましょう。(わかりやすくするために、以下の計算式ではかなり単純化したものを使用しています。)

基本的に、国債は満期になると“元本”が返済されるのに加えて、発行時に決められた利率で一定期間ごとに“利子”を受け取ることができます。

なお、国債の発行時の利率は、その国債が発行された時の市場の状況に応じて決められており、その利率は国債の償還まで変わりません。

この国債を発行と同時に購入し、満期まで保有していれば、元本の1万円と100円の利子を受け取ることができます。

【発行と同時に購入】
購入金額：10,000円
→【満期】元本：10,000円　利子：100円
（利益100円・利回り1%）

一方で、この国債が債券市場で値上がりしたタイミングに購入した場合はどうなるでしょうか？

【値上がり時に購入】
購入金額：10,050円
→【満期】元本：10,000円　利子：100円
（利益50円・利回り0.5%）

反対に、この国債が債券市場で値下がりしたタイミングで購入するとどうなるでしょうか？

【値下がり時に購入】
購入金額：9,950円
→【満期】元本：10,000円　利子：100円
（利益150円・利回り1.5%）

このように、国債に記載された利率は償還時まで変わらなくても、国債の価格が上下することで利回りは常に変動しているのです。つまり、債券市場において国債の需要が高まれば、国債価格が上昇して利回りは低下し、国債の需要が低下すれば、国債価格が下落して利回りは上がるという関係にあるわけです。

ややこしいですが、国債の価格と利回りはシーソーの関係になっているということです。

長期金利の指標となる「10年物国債」

現在、日銀は国債の売買を通じて、その利回りをコントロールしようとしています。少し具体的に見ていきましょう。

まず、国債は、償還期間に応じて分類されています。一般に、期間が1年以下の国債を「短期国債」、1年超5年以下の国債を「中期国債」、5年超10年以下の国債を「長期国債」、10年超の国債を「超長期国債」と呼んでいます。

なかでも**「10年物国債」の利回りは長期金利**[★79]**の代表的な指標**であり、長期金利を決める際の基準となっています。(これは世界共通です)

通常、伝統的に日銀の金融政策によってコントロールされている短期金利と違い、長期金利は長期的な需要と供給の関係によって決まるもので、経済成長期待や物価上昇期待などを踏まえた将来の

★79 金利には、1年未満のおカネの貸し借りに適用される「短期金利」と、1年以上を超えるおカネの貸し借りに適用される「長期金利」があります。短期金利の代表的な指標は「無担保コールレート(オーバーナイト物)」です。

見通しによって変動すると考えられてきました。

一般的に景気の向上が期待されれば長期金利は上昇し、景気の悪化が予想されれば長期金利は低下する傾向があり、その国の将来予測（信用度）が反映された長期金利は**経済の「基礎体温」**とも呼ばれています。

しかし、近年の日銀は、従来できないと考えられていた長期金利の操作に乗り出しています。このように、「短期金利にマイナス金利を適用する」のに加えて「長期金利をも操作目標としてコントロールする」という政策を合わせて**「イールドカーブ・コントロール」**（YCC：Yield Curve Control）といい、2016年9月に導入されました。

具体的には、「10年物国債」の利回りを操作目標にして買い入れを実施し、国債価格を誘導することで長期金利を調整しています。なお、これまで長期金利が0%程度に推移するように目標が掲げられていましたが、現在では解除が示されています。

上記のことをまとめると、伝統的に、日銀は短期金利を操作することで景気に刺激を与え、長期金利への影響に関しては債券市場の動向（需要と供給のバランス）に委ねられていました。

これに対して、近年の日銀は、短期金利だけでなく10年物国債を売買することで長期金利にも制約を加え、イールドカーブ全体をコントロールしようとしています。

長期的に金利を引き下げることで、日銀は金融緩和の効果をさらに高めようとしていますが、この政策はイールドカーブを意図的に歪めることにもつながるため、それがもたらす副作用を懸念する声は少なくありません。

イールドカーブコントロールによって、長期にわたる金利水準が人為的に操作されています。

日本は借金で破綻するのか？

日本の国債総額は年々増え続けており、その**債務残高はGDPの2**

債務残高の国際比較（対GDP比）

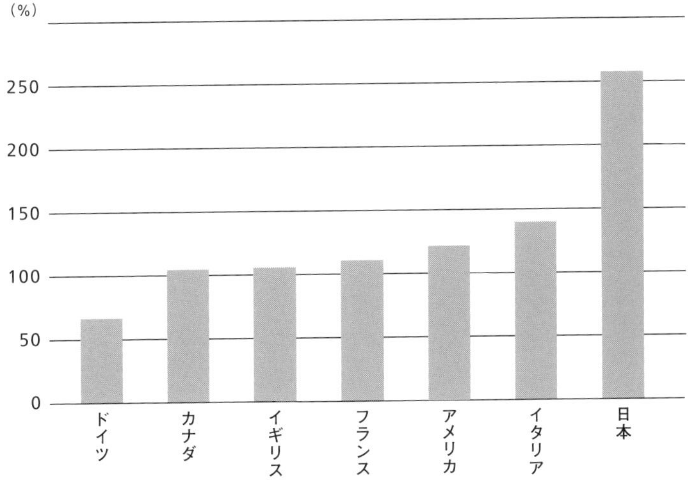

IMF「Economic Outlook」(2023)を基に作成

倍を超える額にのぼります。これは主要先進国の中で最も高い水準です。そのため、このままでは国が破綻するのではないかと心配する声は後を絶ちません。

その一方で、日本が財政破綻に陥る可能性は低いと主張する声も少なくありません。その根拠のひとつは、日本は他の先進諸国に比べて多くの資産を保有しており、換金可能な金融資産を差し引けば、国内貯蓄によって国債の消化が可能であるというものです。

さらに、日本国債は"円建て"であることから、日本政府がデフォルト（Default）に陥ることは考えられないという見解もあります。これは、自国通貨である"円"で国債を発行している限り、「通貨発行権」（シニョレッジ[★80]）を有する日本政府が返済不能になることは原則的にあり得ないというものです。しかし、これによって国債市場や日銀への信用が失われ、結果的に財政が破綻してしまうなどの危険性も指摘されており、実際のところ専門家でも意見が分かれているというのが現状です。

とはいえ、「財政破綻の心配はない」という思い込みが社会に蔓延してしまうことは危険であると言えます。なぜなら、このように複雑で専門性の高い経済政策運営には「人的リスク」を常に抱えているからです。

現在、国債管理については財務省をはじめとする金融当局が担っています。日本経済の地力があるとはいえ、これだけ巨額の財政赤字を支えるためには、優秀な人材の確保が必要不可欠です。

★80　詳細は拙著『通貨経済入門【第２版】（日本経済新聞社）』をご参照ください。

しかし、最近では「国家公務員総合職試験」の受験者数が減少しています。経営分析では、「人材」は経営資源という観点から"財産"ととらえて「人財」と表すことがありますが、人財が集まらないということは組織にとって深刻な問題なのです。このような状況が続けば、国家の運営を担う重要なポストに優秀な人材が供給されなくなるかもしれません。

いつ人的リスクが生じるかもわからない状況を踏まえると、「財政破綻の心配はない」という思い込みが新たな問題発生の原因となるのではないかと危惧しています。

債務残高が膨れ上がる状況をどのように捉えるかについては、専門家でも意見が分かれています。

おわりに

一般的に、日本は「資源の無い国」と言われており、様々な物資を他の国からの輸入に頼ることで社会を成り立たせてきました。そのような中で、これまで日本の発展を支える原動力となっていたのが「人的資源」、つまりは“人々の努力の積み重ね”でした。

しかし最近では、社会の中で疎外感を覚え、自分たちの将来に対して希望を持てないという人々が増えてきています。その背景には様々な要因が考えられますが、日本の経済力が低下したことによる無気力感もそのひとつでしょう。安定した雇用に就けず、家族を築くことができず、社会の中で格差が広がり続けた結果、未来に期待できない人々が多くなってきているのです。実際、そのような無気力感に襲われた人々が“闇バイト”や“無差別犯罪”に手を染めるなど、社会全体で陰惨な事件も相次いで起こっています。

生きるということは、“自分”という経済主体の経営です。人間は生き物であり、寿命があります。さらに言えば、寿命と、健康的に生活できる期間（健康寿命）は異なります。この限られた時間を生きる中では、現状を冷静に捉えつつ、「前向きな気持ち」を持って、あるべき社会の姿を模索し続けることが非常に大切であるように思います。「景気の“気”は気分の“気”」とも言うように、それぞれの気の持ちようは、経済に大きな影響を与えるのです。

本書では、「経済学的な視点」に立って、身近でリアルな問題を考えるという姿勢を重視してきました。本書を読んで、読者の皆さんがどのように現状を認識し、どう向き合うべきだと感じたか。その一人一人の考え方がこれからの社会を形成していきます。

最後にひとつ。かつて「経済」という言葉は「経国済民」の略称として用いられていました。“経”という字は「治める・経営する」という意味を、“済”という字は「助ける」という意味を持ちます。つまり「経済」とは、本来は「国を治め、人民を助ける」ということを表した言葉なのです。

本書でお伝えしてきた経済学的な視点が、読者の皆さんの日々の生活に少しでも役に立ち、楽しく幸せな毎日に貢献できれば、これ以上に嬉しいことはありません。

2024年4月　八王子の研究室にて

宿輪純一

宿輪純一

しゅくわ・じゅんいち

帝京大学経済学部教授・博士（経済学）。1963年東京生。麻布高校・慶應義塾大学経済学部卒業。富士銀行入行後、三和銀行に転職、合併により三菱UFJ銀行、企画部経済調査室などに勤務。2015年より現職。専門は、通貨・国際経済・マクロ経済・国際金融・決済・金融・フィンテック・メタバースなど。教歴として、兼務で2003年より東京大学大学院（3年）、早稲田大学（5年）、慶應義塾大学（5年）。委員歴として、財務省・金融庁・経済産業省・デジタル庁や全国銀行協会などの経済・金融関係委員会に参加。社会貢献公開講義「宿輪ゼミ」は会員数11,000人超を数える。著書に『通貨経済学入門（第2版）』、『アジア金融システムの経済学』（以上、日本経済新聞社）、『決済インフラ入門【2025年版】』、『ローマの休日とユーロの謎』（以上、東洋経済新報社）など。

[連絡先]shukuwa@shukuwa.jp

宿輪ゼミ

正式名称は「社会貢献公開講義 宿輪ゼミ」。「経済・金融・経営・映画・生き方」をテーマに、学生や社会人に向けて講義を実施している。東京大学大学院の学生の希望で2006年に開始され、講義の延長として文京区民センターで開催された。2024年現在では開催400回を超え、会員数は11,000人を超える。文京区民センターのリアル講義などとFacebookを中心に活動中。基本的にやる気のある方は参加可能。お気軽にどうぞ。

[宿輪ゼミ] https://www.facebook.com/groups/shukuwaseminar

はじめまして、経済学
おカネの物差しを持った哲学

2024年4月8日　初版第1刷発行

著者　宿輪純一
発行者　江尻 良
発行元　株式会社ウェッジ
〒101-0052
千代田区神田小川町1-3-1 NBF小川町ビルディング3F
電話:03-5280-0528　FAX:03-5217-2661
http://www.wedge.co.jp　振替00160-2-410636
イラストレーション　川原瑞丸
図版製作　工藤公洋
DTP　株式会社シナノ
ブックデザイン　albireo
印刷・製本　株式会社シナノ

ISBN978-4-86310-271-2　C0033
定価はカバーに表示してあります。
乱丁本・落丁本は小社にてお取り替えします。